新闻采访与写作研究

刘慧玲　著

北京工业大学出版社

图书在版编目（CIP）数据

新闻采访与写作研究 / 刘慧玲著 . —北京：北京工业大学出版社，2018.12（2021.5 重印）
ISBN 978-7-5639-6700-1

Ⅰ. ①新… Ⅱ. ①刘… Ⅲ. ①新闻采访－研究 ②新闻写作－研究 Ⅳ. ① G212

中国版本图书馆 CIP 数据核字（2019）第 023416 号

新闻采访与写作研究

著　　者：刘慧玲
责任编辑：张　贤
封面设计：点墨轩阁
出版发行：北京工业大学出版社
（北京市朝阳区平乐园 100 号　邮编：100124）
010-67391722（传真）　bgdcbs@sina.com
经销单位：全国各地新华书店
承印单位：三河市明华印务有限公司
开　　本：787 毫米 ×1092 毫米　1/16
印　　张：12
字　　数：240 千字
版　　次：2018 年 12 月第 1 版
印　　次：2021 年 5 月第 2 次印刷
标准书号：ISBN 978-7-5639-6700-1
定　　价：50.00 元

前　言

新闻采访和新闻写作，是新闻从业人员的看家本领。作为记者工作的重要内容，新闻采访是新闻传播活动的起点，新闻写作则为新闻传播提供文本，新闻采访与写作在新闻业务中占有重要地位。新闻的采、写、编、评，一直是新闻教育所强调和培育的核心技能。新闻采访与写作，需要不断地创新。纵观新闻写作理论的发展，不管是客观报道理论，还是深度报道理论；不论是新新闻主义理论，还是精确新闻学、数据新闻，可以发现，新闻采访与写作一直都在追求创新，避免平庸。在数字化传播时代，在全媒体时代，新传播技术已经渗透到人们日常生活的各个方面，这对新闻采访与写作提出了新的要求。新闻采访与写作一方面要注重对叙事技巧和文字、图像、影像、声音综合运用的研究，另一方面也要加强对信息搜集、分析、整合、呈现等综合创造能力的研究，并将其研究成果积极运用于新闻采访与写作的实践。

新闻采访和新闻写作，在整个新闻传播活动中，分别占据着重要位置，二者缺一不可，有时须交替使用，在采访过程中兼有写作，在写作过程中再做补充采访。新闻采访与写作是现代传播与沟通领域的基本技能，是信息时代人们应具备的素养。本书博采众家所长并继续创新，对新闻采访与写作业务的理论和方法做了全方位的阐述，并针对不同新闻媒介在新闻传播实践中遇到的新情况和新问题提出了独到的见解和解决途径，既有丰富的实践经验总结，又从理论的高度做了分析和拓展，提供了较为全面的新闻采访与写作的基础知识和实例点评。本书时代气息浓厚，内容涉及平面媒体与电子媒体，注重理论与实践相结合，对研究新闻采访与写作教学具有一定的指导意义。

本书共七章约20万字，由西安体育学院刘慧玲编写。作者在编写本书的过程中，吸收了部分专家、学者的研究成果和著述内容。由于时间紧迫，作者水平有限，书中难免存在不足之处，恳请广大读者批评指正，以便今后补充与完善。

作　者

2018年11月

目　录

第一章　新闻与新闻报道……1

第一节　新闻的概念……2
第二节　新闻价值……7
第三节　新闻报道……12

第二章　新闻采访与新闻写作概述……15

第一节　新闻采访概述……15
第二节　新闻写作概述……19
第三节　新闻采访与新闻写作的关系……28

第三章　新闻采访者……31

第一节　新闻采访的主体和客体……31
第二节　新闻采访者的素养与精神……35
第三节　新闻采访者的职业必备工具……40

第四章　新闻采访的策划与实施……45

第一节　新闻采访的策划准备……45
第二节　新闻采访的方式……59
第三节　新闻采访的技巧……66
第四节　新闻采访的记录……79

第五章　新闻写作的特性与方法……83

第一节　新闻写作的特性……83

第二节　新闻写作的流程……89
第三节　新闻写作的要素……95

第六章　平面媒体新闻写作……115

第一节　消息写作……115
第二节　特稿写作……126
第三节　深度报道写作……135

第七章　电子媒体新闻写作……151

第一节　广播电视媒体新闻写作……151
第二节　新媒体新闻写作……165

参考文献……183

第一章　新闻与新闻报道

“新闻”一词最早出现于唐朝初年。唐初，尉迟枢写的《南楚新闻》一书，专门记载当时南方民间的奇闻逸事。其书名就标以“新闻”二字，其内容大约相当于新闻报道。宋朝人赵昇所著的《朝野类要》中对“新闻”做了更为具体的说明：“其有所谓内探、省探、衙探之类，皆衷私小报，率有泄漏之禁，故隐而号之日新闻。”据考证，这是第一次将报纸和新闻联系在一起。可见，这时的“新闻”已不再只是人们茶余饭后的奇闻逸事，而是关系时局发展的社会政治动态。到了清朝以后，“新闻”一词出现的频率越来越高，并且融进了“消息”的内容。

在英语中，“news”一词作为“新鲜事实的报道”的意义，最早出现于1423年苏格兰国王詹姆士一世的诏书中；1622年，在伦敦出版的《每周新闻》(*Weekly News*)正式以“新闻(news)”命名；到1700年前后，“news”一词已流行于欧洲各国；后来，有些人用“拆字法”将“news”的含义解释为“四面八方的情况汇集”。

在现实生活中，“新闻”一词使用得相当广泛，在不同的情况下具有不同的含义。有时候，“新闻”是指新闻报道的体裁，例如，消息、通讯、新闻特写、调查报告、新闻图片，新闻公报等；有时候，“新闻”专指新闻报道体裁中的一种，即消息(包括简讯、电讯等)；有时候，“新闻”是指报道某种事实的方式，例如，新闻传播媒介为传播新闻所进行的新闻采访、新闻写作、新闻编辑等活动以及各种各样的记者招待会、答记者问等；有时候，“新闻”是指某种具有特殊性质的被大众传播媒介报道(传播)的事实或者是有关这种事实的信息，例如，新闻传播媒介上所报道的有关新近发生的各种各样的事实。在前三种情况下，“新闻”属于新闻业务研究的范围，无法包含作为理论意义上的“新闻”的内容。只有在第四种情况下，“新闻”才着眼于新闻的内容方面，是研究“新闻”是一种什么样的事实(信息)的报道，或者是研究“新闻”是一种什么样的被报道的事实（信息）。这是从理论意义上分析“新闻”的含义，因而新闻所包含的这层意义应该是新闻学，即新闻理论研究“新闻”的出发点和基本范畴。

第一节 新闻的概念

一、新闻的定义

关于新闻的定义，历来众说纷纭，莫衷一是。大致说来，可以将中外新闻工作者关于新闻的定义分为以下五种：

第一，“事实说”。即将新闻看作一种事实或者被传播的事实。其中，以美国新闻学家弗兰克·莫特和我国著名记者范长江为代表。他们认为，“新闻是新近报道的事情”“新闻就是广大群众欲知、应知而未知的重要的事实”，事实是新闻的本源，强调这个观点，划清了新闻传播活动中的唯物主义与唯心主义的思想认识路线的界限。但是事实本身还不是新闻，因为不是所有的事实都具有新闻价值，即使有新闻价值的事实要成为新闻，也需要经过新闻传播媒介的报道，而新闻传播媒介又是由人掌握的，因而新闻又带有主观色彩。一个关于新闻的定义如果不考虑这些因素特别是人的主观因素，是不完善的。

第二，“报道说”。即将新闻视为一种报道或传播的活动。其中以我国新闻宣传事业的长期领导者陆定一为代表。他认为，“新闻是新近发生的事实的报道”。事实要成为新闻，必须经过新闻传播媒介的报道，但是新闻传播媒介的“报道”本身不是“新闻”。新闻和报道是两个不同的但又极容易混淆的概念。新闻报道是新闻传播媒介对于新闻进行的报道，是一种社会活动形式及表达方式。新闻是新闻报道的对象，是新闻传播过程中的传播内容。“报道说”虽然广为流传，但也有不确切的地方。

第三，“手段说”。即将新闻归结为为达到某种目的特别是政治目的的手段。其中，以日本新闻学家小野秀雄和我国新闻学家甘惜分教授为代表。他们认为，“新闻是根据自己的使命对具有现实性的事实的报道和批评”“新闻是报道或评述最新的重要事实以影响舆论的特殊手段”。他们的着眼点是新闻传播媒介的舆论导向功能和新闻传播事业的阶级性。新闻和新闻传播事业是两个既有联系又有区别的概念。新闻传播事业负有舆论导向的任务，在阶级社会中具有阶级性。新闻只是新闻传播媒介在新闻传播活动中用来进行舆论导向的载体，本身并无阶级性可言。

第四，"兴趣说"或者"趣味说"。这种观点将新闻看成能够引起受众兴趣，特别是能够引起受众感官刺激的因素。这是西方早期报人比较一致的看法，他们认为，"对一个足以引起读者兴趣的观念或事情，在不违背正确原则下，所做的最新报道，皆为新闻"。受众的兴趣是构成新闻的因素，但不是构成新闻的必要的和主要的因素。不能把受众的兴趣放在首位，更不能一味地追求和迎合受众的低级趣味。

第五，"信息说"。这种观点认为，新闻是经过新闻传播媒介传播的事实的信息。其中，以日本新闻学家和田洋一和我国复旦大学新闻学院宁树藩教授为代表。和田洋一认为："所谓新闻，就是当人们生活的社会环境突然或者急剧地发生了变动，使人们处于新的状态之下，'瞭望者'判断一旦把变动告诉民众，将会使民众产生利害感、好奇心、兴趣或正义感，于是决定对变动加以报道，其报道的内容就是新闻。"宁树藩指出，新闻的特性就是"向公众传播新近事实的讯息"。这种定义既强调了新闻的内容，又肯定了新闻传播者和新闻价值的功能，因而比较符合学术规范。

据此，可以得出如下关于新闻的定义：新闻是经由新闻传播媒介传播的为广大受众所关心的新近发生的事实或情况的信息。

二、新闻的特点

根据上述定义，我们可以推知新闻具有以下三个基本特征：

（一）新闻必须真实

所谓真实，是指作为主观世界的人的头脑对客观外界事物真伪评判的一种认识活动，或者说是客观外界事物在人的头脑中的反映。认识活动的真实性所反映的对象是客观的，但是反映的过程或标准是主观的。因此，真实性的问题是一个非常复杂的问题。大致说来，从认识的对象上看，有所谓事实的真实和逻辑的真实。从具体的认识方式上看，有所谓哲学的真实、文学的真实、新闻的真实和法律的真实。新闻是通过新闻传播媒介传播的关于客观事物的一种信息，所以它必须真实地反映客观事实的本来面目，它必须具有真实性。所谓新闻的真实性，是指新闻报道反映客观事物的准确度，它是新闻的本质特征，是新闻的生命。新闻必须真实这个特点，把新闻与上层建筑领域的其他方面如文学、哲学、法律等区别开来。上层建筑领域的其他方面也要真实地反映客观世界，但是反映的方式或手段是不相同的。哲学讲究真实地概括真理、表述真理，但它使用的方法或手段是抽象思维。从这个意义上说，哲学的真实可以称为逻辑的真实。逻辑的真实可能是对客观世界一种现实的真实性的概括，也可能只是一种纯粹的逻辑上的推理。古希腊哲学家芝诺认为，“要达到事物的真理，采用思想的方式要比采用感性的道路更加可靠”。为此，他提出了著名的“运动场悖论”。他认为：“一个跑步者从起点到终点，必须在有限的时间里穿过无限分割的数量的点，所以跑步者难以到达终点。”显然，逻辑的真实在逻辑推导中可能是正确的，但如果套用到现实世界中来，则可能是荒谬的。文学讲究真实，它要求通过作品和人物真实地反映现实生活。但是，文学的真实并不等于具体事实的真实，也不是对现实生活的简单反映。它的真实是艺术的真实，是抽象化的真实，是源于生活而高于生活的真实。而新闻所要求的真实则是事实的真实，是具体的、现象的真实。所谓新闻事实必须完全真实，就是新闻报道的具体事实要真实无误。新闻报道要具备 5 个“W”，即何时、何地、何人、何事、何因。其中，何事处于核心地位，其他几个“W”都是围绕它展开的。一则新闻报道要真有其事，确有其人，适当其时，恰于其地，不允许有任何塑造和虚构。法律是国家按照统治阶级的意志制定和认可的，并由国家强制力保证其实施的行为规范的总和。在法律贯彻实施的过程中，也要讲求事实的真实和准确。事实是否真实和准确直接关系到当事人的利益和命运，直接关系到司法工作的公正性和权威性。它不仅要求事实完全真实准确，还要求事实能够得到印证和各有关当事人的确认。从这个意义上讲，法律事实的真实性比新闻事实的真实性要求更高、更严格。虽然不能用法律事实的真实性标准来要求新闻工作，但是真正严肃的新闻工作者所报道的新闻事实应该逐渐接近法律事实的真实。

（二）新闻必须具有新意

新闻总是和事实的新变化相联系，它是通过新闻传播媒介所报道的正在变化着的事实的信息。从这个意义上说，新闻贵在“新”，新闻必须具有新意。具体说来，新闻的新意体现在以下五个方面。一是从时间上看，新闻所反映的事实必须是新近发生、刚刚发生或者正在发生的事实。新闻所反映的是变动中的事实，具有时效性，必须及时报道。失去时效，也就失去了新闻的价值。二是从内容上看，新闻所反映的事实必须是具有新意的事实。有些事实天天发生，不一定能够成为新闻，但如果发现它具有某些新意则可能成为新闻。有些事实早已发生，但如果是最近发现并且具有新意，也可以成为新闻。有些事实虽然是多家媒体同时报道的，但是由于选择了其中不同的内容，也可以成为不同的新闻。三是从事物发展的过程看，新闻所反映的事实的新意是在不断变化的。在事物发展过程中，由于各种矛盾处于相对平衡的状态，可能没有明显的变化。但是，由于某一矛盾的突然变化，这种平衡状态就会很快被打破，全新的局面就会展示出来。世界在不断地发展变化，生活像奔腾不息的河流，永远有新的东西产生，新闻传播事业永远充满生机。四是从报道的角度上看，新闻报道应该有新角度和新视野。事物在发展中总是向人们呈现其多面性，新闻传播者完全可以从多种层面去发现事实中所包含的新意。五是从事物与事物的比较上看，新闻的“新”是通过事物与事物的相互比较而显示出来的。新闻报道如果时常注意过去与现在、现在与将来、大与小、多与少、真与假、美与丑、善与恶的对比，则可不断发现好的新闻。在这个意义上说，有比较才有新闻，而且新闻的“新”也是相对的暂时的。

（三）新闻必须经过新闻传播媒介传播

新闻是以满足社会全体公众的需求为目的的，只有最大限度地让社会知道，才能实现新闻的价值。这是它最根本的价值所在，也是它最根本的特点之一。如果没有大众传播媒介的传播，事实本身并不能成为新闻。因此，新闻必须是经过大众传播媒介传播而为受众所接受的关于新近发生的事实的信息。有人认为，新闻机构发布新闻的活动只是整个人类社会的新闻活动的一部分，“新闻机构发布的某些新闻，人们并不认为是新闻”，新闻机构不予报道的也可能是新闻，甚至是重大的新闻。因此，他们主张“应以整个人类社会的新闻活动所传播的新闻作为研究对象”。对此，应做具体的分析。首先，在新闻传播事业产生后，特别是在新闻传播媒介高度发达的今天，新闻传播媒介所传播的新闻已经覆盖和取代了人际传播所传播的新闻。个人化的信息不是新闻，要使信息成为新闻必须有一个共享的范围，这个范围越大，新闻的价值就越高。其次，所谓新闻是相对的，客观世界发生的具有新闻价值的事实无穷无尽，无论是人际传播或者是新闻传播媒介传播都不可能将其全部呈现。在这种情况下，只有那些符合“人们长期形成的对于新闻的规范”的有关信息，才有可能通过新闻传播媒介的报道而成为新闻。除此之外的信息传播，要么是情报，要么是传闻。再次，在实际生活中，可能会发生这样的情况，某些新闻传播媒介传播的“某些新闻不是新闻”，这是新闻传播媒介没有履行职责的表现。还有一种特殊的情况，就是新闻传播媒介对于“重大新闻不予传播”。应该看到，这只是某些特殊的时期特殊的新闻传播媒介极个别的现象，随着时事的发展，这种僵局必然会被打破。即使在同一时期，某些新闻传播媒介对某些新闻不予传播，其他新闻传播媒介必然予以传播，即使某些新闻传播媒介没有正面传播和直接传播，它必定会从侧面或者反面进行传播。

三、新闻的本质

现实世界可以分为物质世界和精神世界两大类。物质世界是不依赖于精神世界客观存在的，而精神世界是对物质世界的一种反映。从本质上看，新闻不是物质世界客观存在的事物本身，而是物质世界客观事物的信息在人的头脑中的反映，是人对于客观存在的事物的认识和反映。新闻以事实为基础，具有客观性，但它不是客观事实本身，而是人们对于客观存在的物质性事实的反映、报道的结果。因此，新闻具有主观性，属于精神世界的一部分，是一种精神现象。

从表面上看，新闻是新闻传播者个人对客观事实的反映，是一种个人意识。但是，个人是不能离开社会的，他每时每刻都处于复杂的社会关系之中，任何个人的意识活动不能离开社会的一般意识。因此，新闻这种精神现象不是个别人的精神现象，而是整个社会的精神现象的反映。新闻作为社会意识的一部分，具有其他社会意识形态（政治、法律、哲学、宗教、文学、艺术等）所具有的一切特性。例如，社会意识形态对社会生活的主观映像性、相对独立性和主观能动性，等等。

在新闻这种社会意识形态中，作为认识世界和反映客观世界的主体的新闻传播者，在报道有关客观事物的信息时并不是完全被动的，而是具有主观能动性的。根据辩证唯物主义的基本原理，事实是新闻的本源，是新闻的客观内容，新闻必须忠于事实。但是，新闻也是新闻传播者对事实进行选择性报道的结果。同时，还应该看到由于新闻传播者的政治立场和价值观念不同，他们对于相同的新闻可能有不同的评价及不同的舆论导向和价值取向。新闻之所以具有主观能动性，是因为人的活动与动物的活动有着本质的不同。动物的活动是被动地为了满足生存的需要，是一种无意识的生理本能活动，而人的活动是有目的、有意识的。蜜蜂的本领使建筑师感到惭愧，但它永远不可能像建筑师那样在活动之前就有一定的目的和计划。另外，新闻工作者在反映社会生活之前是有一定的目的和计划的。他们根据一定的目的和计划选择事实、写作新闻和传播新闻。这样，就使得新闻在反映社会生活的过程中包含着新闻工作者的目的性和主观倾向性，从而使新闻在反映社会生活时具有主观能动性。

新闻的主观能动性集中地表现在新闻传播者的主体意识上。这种主体意识是指新闻传播者在新闻传播过程中的主体地位和精神动力以及对于传播客体的社会责任感。从主体地位来看，它要求新闻传播者在新闻传播过程中处于主导和支配的地位，克服只从客体或通过直观形式去理解事实和新闻的机械决定论。从精神动力看，它表现为新闻传播者的“生存意识”和“成就意识”。“生存意识”既表现为新闻传播者对于满足自身生存和安全的物质条件的需求，又表现为对于整个人类生存和安全的关注。从社会责任感看，它要求新闻工作者将自己的命运和整个国家的命运、人类的命运有机地结合起来，由此产生出高度的社会责任感。新华通讯社记者黄文认为：“一个人要做成一件事情，最重要的是他要有职业责任感，慢慢地你看到你做出成绩了，你会有一种成就感。我觉得作为记者，你要有一种信仰，对你的工作要有一种自豪感，有了这种自豪感后，会给人带来一种品质，那就是超人的意志力。”这里所谓的职业责任感、成就感、自豪感和意志力，就是新闻传播者在新闻传播过程中主体地位和生存意识的具体表现。这是新闻传播者区别于其他社会成员的主要标志，也是新闻传播事业区别于其他行业的根本使命。

第二节　新闻价值

一、新闻价值的含义

一般认为“价值”是指对人的有用性，即满足人的需要。“价值是客体对主体的意义，也就是客体对主体的作用、效用”，所以新闻价值就是新闻满足某些主体的需要。但是相对于新闻这个客体来说，什么是它的主体呢，很显然，新闻的传播者和接受者，即传媒和受众是不言而喻的主体。但是，社会是这两个主体赖以生活和存在的基础，没有这个大环境的不断优化，传者和受者两个主体的利益是无法实现和提高的。因此，社会也应该是新闻价值的主体。它的“有用性”应该是对整个主体和社会的有用性。基于这个分析，可得出如下关于新闻价值的定义：所谓新闻价值就是对传播主体和接受主体有益的新闻客体对社会所产生的积极效应。

二、新闻价值的尺度

衡量一个客观存在或发生的事实，能否成为新闻并被传播的标准就是新闻价值的尺度。这把尺子有三个基本的又不均等的刻度。

一是新闻客体必须对传播主体有益。因为如果新闻对传播主体没有利益，那么它很难进入传播渠道，新闻价值也就发挥不出来。这是选择新闻事实的前提，也是一个新闻媒体的主观前提。

二是新闻客体必须适合接受主体的需要。如果新闻单位孤芳自赏，报道一些受众不感兴趣的新闻，那么这个新闻的生命力是值得怀疑的，它的价值也就很难实现。对于一个新闻媒体来说，受众就是它的上帝。媒体在报道新闻的时候，必须要考虑受众的兴趣，只有这样，它的利益才能实现，新闻价值才能实现。这是选择新闻事实的基础，失去了它，新闻价值对传播者的价值是不完整的。由于失去了受众的支持，这种价值也是不长久的，最终新闻媒体的价值也难以实现。这是新闻价值的客观基础。

三是新闻客体必须对社会产生积极的效应。如果一则新闻产生的社会效应是负面的话，那么即使它为传播主体带来了再大的经济效应，满足了受众再大的个人需求，它的价值也是没有意义的。因为这种负面的社会效应最终会危害到传播主体和接受主体的利益，并且它的危害性比单纯损失传播主体和接受主体一方或两方的利益更大。如果整个社会的利益受到损害，后两者的利益也就失去了保证。所以新闻价值的关键是对社会的价值，即传播的社会效果，这是选择新闻事实的立命之本。

综上所述，我们说新闻价值是对主体的效应，其主要主体是社会，但是这个主体效应的实现是通过传播主体和接受主体实现的，只要传播主体和接受主体的利益实现了，社会价值的实现才有可能保证。而在这两个主体中，接受主体的利益处于基础地位，只有这个利益实现了，才能确保其他的利益实现。这个系统中的决定因素就应该是有关广大人民和国家的利益。

三、新闻价值的要素

新闻价值是选择和衡量新闻事实的客观标准，即事实本身所具有的足以构成新闻的特殊素质的总和。素质的级数越丰富越高，价值就越大。一件事，一个人，一种现象，一个问题能不能成为新闻进行报道和传播，主要取决于有没有新闻价值乃至其价值的高低。

新闻价值就是以社会效应为中心，以传播主体利益为前提，以受众利益为基础的一个系统。这个系统的主要目标是社会利益，关注点是受众利益。但是，新闻的社会利益的实现或者说社会效果的考察只有在新闻传播之后才能完全做到。在现实新闻报道中，判断新闻价值的尺度主要是通过新闻价值的决定要素，即一个事实所具有的足以构成新闻的特殊素质加以衡量的。构成新闻价值的要素主要有时新性、重要性、显著性、接近性、趣味性等。它是新闻传播者对新闻事件进行选择的主要依据。

需要强调的是，决定新闻价值的各要素之间的关系并不是并列均等的。真实是第一位的，它包含在各个要素之中并与时新性一起构成了新闻价值的必备要素。而其他要素则是可选择的，有的新闻具有显著性，有的新闻接近性强，有的新闻颇有趣味。一个新闻事实所具备的要素越多，要素的程度越强，则新闻价值就越大，下面我们对各要素进行具体分析：

（一）时新性

时新性指的是新闻及时并具有新意，即新闻事件是新近发生并及时传播的。时新性的要素是由以下两部分组成的。

1. 及时

及时的事件是指最近发生的、正在发生的或者将要发生的事实。新闻事件的发生与传播之间的时差越小，新闻价值越大；时差越大，新闻价值越小。这里需要特别提出的是“及时”也具有相对性，即考虑到某种情况下抢发新闻可能会造成不良的后果，从而要选择发布“时机”。

“及时”作为时间上的要求，一般表现为两种情况。一是事实的变动是突发性的或者是跃进性的。及时的新闻就是这种变动一发生立刻予以报道。现代新闻做到独家很难，求快成了硬道理。由于科学技术的发展，有些新闻的传播甚至达到了“即时”的境界。二是在现实生活中，相当多的事实不是在一瞬间发生并完成的，而经历了较长的发展过程，事实的变动是渐进的，从而使事实成为续态。这样的续态事实的报道，就要寻找它的质变、量变、阶段变化的依据，然后不失时机地报道出来。从哲学的观点出发，事实处在不断的变化之中，不断地呈现“动态—稳态—动态”这样一个变化的过程。我们所要抓住的是传播的“时机”，即事件变化过程中最适合传播的机会，而不是越快越好。它追求的是新闻传播的社会效果。

2. 新鲜

新鲜的事实是指具有新意、新颖，非常态的信息。新闻的新鲜是相对于常态而言的，具有首创性、新异性的新闻事件是对于常态事件的一种改变，它使人们看到了一个崭新的天地。这种常态改变的时空跨度越大，稳定性越高，新闻的新鲜性就越强烈。例如，一个新产品的出现、一项新技术的发明、一个新政策的出台等。

“新鲜”是内容上的要求。它可分为以下几个层次。一是新闻所包含的信息是多数人未曾听到甚至未想到的事。二是新闻所包含的信息虽在某一方面是人们所知晓的，或者就发展趋势来说，也是能够预想到的，但也包含着人们所不知晓或不确切的内容，即信息的内容具有新闻的因素、新闻的特点。三是新鲜与否是相对而言的，只有通过比较才能发现。因此，判定一个事件是否改变了常态，必须联系具体的时间、空间和条件来考察。

（二）重要性

人们需要新闻，主要是为了在应付环境和改变环境中做出正确的抉择。人类的不安或恐惧来自对周围事态的不确定与无法知晓，具有重要性的新闻向受众提供他们迫切需要的信息，使他们及时了解周围环境的变化。它以给受众、社会产生的影响为尺度。影响所涉及的社会领域、社会成员越广泛，影响的程度越深刻，其重要性就越显著，便越有新闻价值。反之，则新闻价值越小。

如国家重要的人事变动、国家医改、薪资等政策的变更，恐怖袭击事件、自然灾害等，这些事件的变动与发生，或者会影响每个人的日常生活，或者会对国家以至国际社会局势产生深远影响，它们都具有明显的重要性。

在评价新闻事件重要与否的时候，要把握以下几点：

一是一个事件发生后所产生的影响是多形态和多性质的，必须对该事件进行全面的考量，才能准确判断其重要程度。

二是有些事件的影响是即时的，有些事件的影响则是延后的，对于后者我们要给予特别的关注。

三是一个事件的发生不是孤立的，必须将其与现实生活中的相关现象和矛盾相联系进行考量，才能准确把握该事件的重要程度。

（三）显著性

显著性作为统计学的概念，是指相互区别的能力。作为新闻价值要素指的是新闻事件参与者及其业绩的知名程度。地位和业绩越显赫，新闻价值就越大。反之，则越小。它与知名度紧密相关，如新闻人物的地位非常显要、新闻事件的地点非常显要、新闻背景不同凡响等。

如美国新闻学者乔治·莫特给出过一些形象的公式，如“常人 + 平凡生

活 =0”“不平凡人 + 平凡生活 = 新闻”，等等。也就是说，名人、名胜古迹、著名景点等知名度高的人、事物或发生的事情容易成为新闻。一个普通人怀孕绝对没有歌后王菲怀孕这么引人注目；一个普通农民也不会像水稻之父袁隆平那样受到关注。同理，在黄山、西湖等著名景点，故宫、长城等著名建筑发生的事情往往可能成为新闻。

（四）接近性

接近性指新闻事实及新闻报道与受众的接近程度，包括地理、利益和心理等方面的距离远近。距离越近，新闻价值越大。反之，则越小。

例如，对于地方报纸来说，发生在本地的交通事故比发生在异地的交通事故更具有新闻价值。发生在你认识人身上的新闻比不认识人的新闻更能引起你的关注。也就是说事实与接受者的地理距离越近、心理距离越近，就越有新闻价值。

接近性还表现在新闻事实与受众的关系上，事实与受众的利益越有关系，新闻价值就越大。它表现在下列三个方面：

一是新闻信息越接近社会各领域和各成员的全局利益、长远利益，就越具有价值。比如重大政策的制定，一个改革方案的出台等。

二是新闻信息涉及特定时期社会存在的特定矛盾，以及如何解决这些矛盾，人们对其关心的程度越高，其涉及的矛盾越大、越深、越尖锐，新闻价值便越大，比如就业问题、物价问题等。

三是新闻信息涉及社会现实、人们的日常生活，其涉及的问题越普遍、越及时，新闻价值便越大，如打假活动。

（五）趣味性

趣味性，是指新闻事实和新闻报道使受众感兴趣的程度。受众兴趣越大，新闻价值就越大。反之，则越小。我们所说的趣味性，不同于西方新闻价值理论所说的“人情味”。它既包括新闻事实能够提供的和谐多彩的审美情趣和健康向上的生活乐趣，又包括作品内容上的贴近生活、贴近群众和贴近实际，以及作品风格上的生动有趣和喜闻乐见，即通常所说的内容引人入胜，行文涉笔成趣。它是新闻具有可读性的重要标志。

现实生活中，人人都有强烈的求知欲和好奇心。读者总是凭着自己的兴趣和愿望去选择新闻，而新闻本身不能像“文件”那样去“命令”“指示”人，逼人就范。因此，报道内容要想吸人眼球，就必须遵循新闻规律，兼顾广大读者兴趣，也就像要在食物中添点佐料来增进食欲一样，在新闻的真实可靠的基础上增加自然美、社会美、技术美、语言美、形象美等诸多内容，增强新闻的趣味性。就是要选择那些有价值的细节、形象、场面、气氛、情景，用情节和细节“击败”抽象，靠气氛和生动感染读者。

第三节　新闻报道

所谓新闻报道，就是媒体对新近发生的事实的报道。新闻的本源讲究用事实说话，新闻是对客观事实进行报道和传播而形成的信息，反映在新闻信息中的内容必须真实。但是，客观事实本身不是新闻，被报道出来的新闻是在报道者对客观事实进行主观反映之后形成的观念性的信息，是报道者把自己对客观事实的主观认识传达出来而产生的信息。

一、新闻报道的分类

①按照新闻事实发生的地域和范围来分，有国内新闻和国际新闻。

②按照新闻的专业来分，有政治新闻、经济新闻、科教新闻、军事新闻、社会新闻、文艺新闻、体育新闻等。

③按照新闻的特点来分，有事件性新闻与非事件性新闻、单一性新闻与复杂性新闻、动态性新闻与静态性新闻、本体新闻与反应新闻。

④按照新闻的体裁来分，有消息、通讯、新闻评论等。

⑤按照新闻传播的手段来分，有口头新闻、文字新闻、广播新闻、电视新闻和网络新闻。

二、新闻报道的基本要求

新闻报道的基本要求是保证新闻报道的真实性、时间性和思想性。此外，新闻是选择具有新闻价值的客观事实进行报道。对客观事实的选择也是新闻报道的一个重要环节，它是新闻写作活动中选择素材的过程，没有意义或意义较小的客观事实一般不能成为新闻报道的对象。

三、新闻报道的基本方法

（一）概括事实

这是新闻报道的基本功之一，任何新闻报道都离不开对客观事实的概括，这不仅是因为任何客观事件的总体情况和来龙去脉都需要概括，还因为新闻一般要求精练、简明，对新闻事实的概括要立足全局，抓住特征，正确反映整体。

（二）精选事例

在报道中，结合对事实的概括报道，选择一定的具体事例，这样既能提示新闻报道的主体，又能使报道生动感人。这些事例不是随便选的，而应具有典型性、鲜明个性，能够说明问题、给人留下深刻印象。

（三）再现场景

再现场景就是将新闻事实的现场情况逼真地描写出来，产生使人如临其境、如闻其声、如见其人的效果，从而增强报道的说服力和感染力。

（四）对比衬托

在新闻报道中使用对比性材料能够更明确地表达新闻传播者要说的话，比如揭示新闻事实的意义、突出新闻事实的变动程度等。

总之，新闻报道与文学作品、评论文章、理论文章不同，它的主要内容是对事实的报道，新闻传播者的观点、感情也要通过对事实的报道来体现。但是，新闻报道用事实说话，并不是绝对排斥议论和抒情。有时一两句精辟议论，可以使人们更好地理解新闻事实；一两句真诚而自然的抒情，可以增强新闻报道的感染力。

第二章 新闻采访与新闻写作概述

第一节 新闻采访概述

一、新闻采访的定义

采，从字面上讲，是采撷、撷取、采集的意思，就是搜集、采录；访，就是寻访、访问、寻求、调查。采访，就是搜集寻访、了解情况，从某种意义上讲，也是一种调查研究。采访是新闻工作者的一项必须具备的基本功。

关于新闻采访的定义，众说纷纭，主要的观点如下：

梁一高等的调查研究说："新闻采访，是记者认识客观事物，寻找与挖掘新闻事实或新闻的调查研究活动。"

刘海贵等认为，新闻采访是新闻工作者为搜集新闻素材所进行的活动。

丁柏铨认为，新闻采访是有关人员出于大众传播的目的，通过观察和访谈等手段，对可能受到广泛关注且鲜为人知的信息的搜集活动。

界定采访的定义，我们还是要从认识和理解新闻的定义开始。人们对新闻是事实的认识是趋同的、一致的，只是在关于时效的认识及到底称报道还是传播的方面存在差异。为此我们对新闻采访的界定也应强调和突出获得事实，即新闻采访是新闻工作者为了了解和获得新闻事实而进行的情况搜集和调查探究活动。

"了解和获得新闻事实"，是新闻采访的直接目的和重要特征，也是把新闻采访和其他采访、其他调查区别开来的重要特征。

“采访”这个词，并非为新闻记者独用，我们在日常生活中，也常常用到，如在一些场合，我们经常会听到：“我采访采访你。”这里的采访其实就是提出问题，更多的是强调提问，不用或绝对没有观察的手段。新闻采访带有较强的专业性，目的明确，是为了获取新闻事实，采访除了张口提问外，还运用现场观察等手段。党政机关、群众团体、司法部门等把深入基层了解情况、总结经验、解决问题、获取证据等，称为调查研究，这些虽然也基于对事实的了解，也运用访问、座谈、观察等手段和方法，但他们了解的事实不要求具有新闻性，不要求鲜活生动，不要求发表，他们的调查研究主要是为制定相关政策、推进某项工作、领导决策提供依据和参考，与记者进行的调查有许多不同。

新闻采访的目的：为新闻报道服务，为满足大众的新闻需求服务。采访是为新闻报道而进行的第一步工作——基础性工作。

新闻采访的性质：它是以客观事实为对象，以新闻报道为目的的活动。

新闻采访主要包括报纸、广播、电视、网络采访。但是，新闻媒介应该至少包括通讯社、报纸、杂志、广播、电视、网络等新兴媒体这六种形式。其中报纸媒介产生最早、影响最大。新闻采访与写作这门学问，主要是以报纸为基础产生的，新闻采访和新闻写作的相关理论，都来源于报纸，比如新闻的两大品种——消息和通讯、消息的各种体裁等。我们学习新闻采访与写作，更多的是学习报纸新闻采访、报纸新闻写作。通讯社原是为报纸、电台提供产品的，改革开放后，通讯社才开始自己创办刊播媒介，如新华社相继创办了报纸、杂志以及音像制品。电视成为强势媒体（电视除传统电视外，近年出现了楼宇、户外、网络、手机电视，以及飞机、轮船、地铁、轻轨、城铁、火车、长途汽车、公交车、出租车等移动电视），互联网、手机成为最有发展前景的媒体。

报纸、广播、电视、网络、手机这几种新闻媒介，有共性特征，也有个性特征。表现在采访上，则是方式方法不同、使用的工具设备不同。

二、新闻采访的特点

（一）专业性

新闻采访是一项专业性很强的工作，它要求记者训练有素，必须具备较强的专业素质和能力，有较强的采访基本功，需要掌握采访的方法和技巧，如善于把握谈话的方向，善于提出问题，能熟练使用采访工具和设备等。新闻采访也是调查研究活动，又不同于其他调查研究。新闻采访是专为获取新闻事实、写作稿件、新闻传播而进行的工作。新闻采访是特殊的调研，调查、访问是占有材料，研究是消化材料。新闻采访不同于一般的采访，它除了提问等谈话方式外，还要进行细致的观察，要借助相应的设备和工具等进行，如上网采访、录音采访、录像采访、电话采访、书信采访等。

（二）及时性

迅速及时，是保证新闻时效的前提，没有时间要求，就不能称为新闻，新闻价值也会大打折扣。绝大多数新闻事件，都要求新闻工作者快采、快写、快编、快发，争分夺秒地报道。这也决定了新闻记者的职业特点，那就是反应迅速、雷厉风行，不容许有半点迟疑和懈怠。记者应该时刻保持良好的竞技状态，如箭在弦上，一触即发，要能在第一时间到达新闻现场。新闻不一定是最新事实的报道，但一定应是事实的最新报道。新闻采访又有时间的持续性特点，事物的本质特性有一个逐步显露的过程，因此有时需要有间隔又有联系地开展采访活动，有些重大题材，因时空跨度大、内容繁复，也需要持续采访报道。

（三）突发性

有些采访项目和内容事先不可预知，带有突发性，如地震、火山爆发、火车相撞、飞机失事等自然灾害和交通事故的发生，需要记者第一时间赶赴新闻事件发生地，迅速采访报道。2008 年 5 月，中央电视台记者张泉灵等刚刚做完“圣火在珠峰采集”的报道，随即传来汶川发生大地震的消息，她与同事又迅速赶赴灾区，及时从地震现场发回了报道。

（四）广泛性

这是由大众传播面广的特点决定的，受众需求、口味不同，采访活动也因此涉及方方面面。记者采访的内容涉及的范围大、领域广，采访对象涉及各色人等。哪里有新闻就要到哪里去采访，谁手里有新闻资源就要找谁去挖掘。记者因此似乎无所不知、无孔不入。新闻采访的广泛性特点，也对记者提出了要求，即记者的知识面一定要宽，涉猎一定要广，努力做“杂家”，能通过各种方法和手段获得新闻事实，能驾驭多种体裁。

（五）艰辛性

记者是个危险性很强的职业，采访也是一项很艰苦的工作。好多从业者说好新闻是跑出来的，一个“跑”字，道出了其中的甘苦、辛劳。有时记者为了完成新闻采访任务，还要受到人身安全的考验。汶川大地震时，记者冒着余震的危险，为我们采写出大量的新闻。进行舆论监督的采访，记者会有遭遇打击报复的危险，一些记者经常会受到恐吓、人身攻击等，如《中国经济时报》首席记者王克勤为了做“兰州证券黑市狂洗‘股民’”“北京出租车业垄断黑幕”“山西疫苗乱象调查”等采访报道，就屡次遭到威胁和恐吓。

除此之外，新闻采访还有政策性、求实性等特点。

三、新闻采访的地位和作用

采访是新闻报道的基础性工作，没有采访，就无从发现新闻，整个新闻传播工作、新闻事业也就无从谈起；没有采访，新闻写作就成了“无米之炊”。新闻采访是记者的一项重要技能，新闻采访是一门实践性很强的学问。

（一）采访是新闻传播活动的开端

媒介的主要功能之一是传播新闻信息，而新闻信息的传播活动的开始，是新闻采访。新闻采访，是新闻信息传播活动的第一步，没有新闻采访，写稿、审稿、编辑、排版、印刷、发行、制作、播出等环节都无从谈起。在新闻传播活动的各个环节，采访始终是第一位的，是最基本和首要的环节。新闻采访在整个新闻传播活动中具有决定意义和重要影响，因此，绝对不可忽略和轻视。

（二）采访是确保新闻特点凸显的基础

新闻的基本特点是真实性、深刻性、时效性、客观性，新闻采访是使新闻的基本特点得到凸显的首要保证。新闻报道的基本规律是用事实说话，如实报道客观事实。记者的采访必须实事求是、求真务实、穷追不舍、探寻真相，这样才能做到真实、客观、公正，写出的稿子才有说服力。采访也是顺利进行新闻报道的保证，没有采访，新闻的基本特点就真的成了无源之水、无本之木。采访不深入、不细致，记者的报道也会与新闻的基本规律相背离，因而导致新闻基本特点的丧失。

（三）采访是新闻写作的先决条件

先有新闻采访，后有新闻写作。没有新闻采访，就没有新闻写作。在新闻报道过程中，采访是为新闻写作解决“原料”问题的，先有原材料，才能加工生产出产品。

新闻传播活动中的采、写、编、播等多种活动，其基本活动和起点活动都是采访。新闻来自事实，客观事实是不断变化和变动的，只有深入细致地采访，才能把握变化规律，了解发展进程，发现和识别有价值的新闻。采访特别是到新闻发生的现场采访，是新闻媒介最重要的活动，其作用主要包括确定新闻线索、获得基础材料、增加感性认识、探究新闻事实。新闻采访的任务主要有进行报道、反映情况、沟通联络。

第二节　新闻写作概述

在新闻采访任务完成后，接下来的任务就是新闻写作，为新闻传播提供文本。

一、新闻写作的基本原则

新闻写作应坚持的基本原则主要包括以下几个方面。

（一）真实性

新闻必须真实，这是新闻写作的最基本要求，对记者来说，也是常识。学习新闻写作就应从起点开始。

新闻的最可贵之处就在于真实，新闻报道应如实反映客观事实，符合事物的本来面目。为此，首先必须做到新闻报道的事实真实准确，不能虚构。时间、地点、人物、事件、结果、原因，即西方新闻学所强调的 5 个 W 加一个 H，以及数字数据、背景资料，都必须真实可靠，不能含糊其词，所反映的环境、过程、细节及人物的语言和动作，都必须准确无误；人物的思想认识、心理活动等，必须是当事人叙述的，绝不能“合理想象”、编造、虚构。新闻最忌失实、虚假，这就要求采访一定要深入、细致，不能道听途说、捕风捉影，更不能想当然，跟着感觉走。其次，新闻报道概括的事实必须是真实准确的，即准确地概括事实，反映事物的全貌，不能以偏概全、以点带面。最后，报道的事实要在总体上和相互联系上、在本质上以及发展趋势上符合客观实际。真实性原则的更高一个层次的要求是揭示事物的本质，当然，不能把揭示事物的本质作为整个报道的出发点，而应该看成真实的新闻报道的必然结果，即不能以本质真实来制约新闻报道。如果把“本质真实”作为整个报道的出发点，新闻写作的路子就窄了，因为人的认识有感性认识和理性认识两个阶段。感性认识，如果对事物现象的认识是对的，也可以写成报道。不过，最好是实现现象与本质的统一。

（二）思想性

一方面，新闻作品要内涵深刻，给人启迪和思考；另一方面，新闻作品也要立场鲜明，导向正确。新闻记者必须追求报道的深度，用自己的作品来影响人、引导人，记者应在深刻性、影响力上狠下功夫。新闻报道带有思想观点和政治倾向，记者必须在写作中坚持马列主义、毛泽东思想，坚持邓小平理论、“三个代表”重要思想，坚持科学发展观，弘扬主旋律，用正确的舆论导向引导人。记者要学习马克思主义新闻观，坚持新闻工作的党性原则，政治上与党中央保持一致，把握“上情”，了解“下情”，吃透“两头”，坚持“三贴近”（贴近实际、贴近生活、贴近群众），写出有深度、有品位的作品；满足受众的知情权，满足受众的信息需求，为社会主义服务，为人民服务。

（三）时效性

新闻时效体现着新闻价值，要争分夺秒“抢”新闻，在第一时间把新闻报道出去。新闻姓“新”不姓“旧”，对于媒体而言，时效就是权威，就是责任，就是金钱。记者要有抢新闻的意识，“抢”新闻，就是抢时间、抢时效。采访要求迅速，写作也不能有半点迟疑。记者应会使用多种交通工具、通信工具，“工欲善其事，必先利其器”，这样可以达到事半功倍的效果。当然，并非所有的新闻都是越快越好，有的要看火候、等时机，要适时、适宜。

（四）简明性

简洁明了是新闻作品的一个显著特征。简明性要求新闻作品写得人人看得懂、听得懂；同时简洁凝练，可以使受众在最短的时间内获得尽可能多的信息。新闻写作坚持简明性，是由新闻传播的媒体特征所决定的，是由受众需要和新闻竞争所决定的。从传播媒介看，报纸受到版面的限制，广播、电视受到时段的限制，因此要求新闻作品必须力求简短。从受众需求和新闻竞争看，受众希望在有限的版面和时段里，收到更多的信息，这就要求新闻写作以精短为宜；简短也是提高时效性的保证，新闻作品简洁明晰，可以提高效率，应对新闻竞争。

二、新闻写作——用事实说话

（一）什么是用事实说话

新闻是新近变动的事实的报道，离开了事实新闻就无从谈起，新闻只能以事实为基础。新闻采访主要就是获取事实，那么新闻写作也离不开事实，新闻写作最突出的特征就是用事实说话。

所谓"事实"，就是客观存在的真实情况，泛指人的一切活动和自然界的所有现象。它是真实存在和实际发生的，具有时间、地点、人物、事件、原因、结果六个要素。事实包括具体事实、概括事实及数据等，其中具体事实的要素全，反映了事实的不同侧面、事实的全过程以及相关细节，详尽、生动、典型；概括事实是把所有的事实进行了高度概括，抽象、凝练、集中；数据使概括事实精确化，其中表示概率和比例的数据能显示相关事物所具有的普遍意义，清楚、易懂、简明。

事件也是事实，事件是人们关注的重点，但与事实不完全相同。

新闻报道的事实也即新闻事实，并非一般的事实，有其个性特征。新闻事实是指构成一条新闻所必须具备的有传播价值的事实，它包含重要性、显著性、时新性、接近性、趣味性等要素。一般事实指意义不大、大量存在、重复千万次的事实，它没有传播价值，不能构成新闻。

所谓"说话"，就是记者在新闻报道中所体现的意见和观点。它不是我们日常生活中的言语、谈话，它带有思想性和指导性，也就是说报道中必须宣传党的方针、路线、政策，必须维护国家、民族和人民的利益，必须宣扬真善美，批评假丑恶。新闻工作要通过具体的报道，影响和指导受众的思想和行为，把他们引导到一定的目标上来；新闻报道要紧密联系实际，解决国家和人民日常生活中的一些实际问题；新闻报道要宣传积极向上的东西，引导和培养受众的健康情趣。

用事实说话，其含义就是通过报道事实向人们表明思想观点和意见，也就是把记者的观点和意见寓于事实的叙述中，让受众从事实中做出判断，得出结论。"用事实说话"是一种简要的表述，具体表述应为迅速地用事实向受众进行报道。

（二）为什么要用事实说话

新闻作品与文学作品、评论等不同，它不是以用形象说话和用道理说话为主。新闻用事实说话，作为一条报道原则、一种实践方法和技巧，是新闻写作的最大特点和优势。新闻依存于事实，受众迫切想知道的也是事实，新闻如果不用事实说话，就不能成为新闻。

新闻经历了改革和整顿，媒体刊登、播发的新闻，总体来说已重视并善于用事实说话，但也有一部分新闻依然存在一些这方面的问题。主要表现为以下几点。一是概念化。有的新闻作品，除了时间、地点和一些数字之外，全是空洞的概括。如这样的新闻：“（某地）从去年下半年起，发动群众制定乡规民约，促进了物质文明和精神文明的建设，社会风气明显好转。”全文约600字，都是抽象的概念不见一个具体事实。二是说大话、空话、套话。许多新闻上来就是戴高帽，或空洞无物，要么就是“在什么什么指引下”“为了什么什么”；要么就是“一致认为”“大家认识到”“他们纷纷表示”。除非极个别情况，新闻是必须要用事实说话的，这是应遵循的基本规律。还有一些报道，事实太少，议论过多，不着边际，如“领导重视，措施得力，取得显著成效”“因势利导，齐抓共管”“为现代化建设（或社会主义新农村）建设做出积极的贡献”，等等。

（三）如何用事实说话

新闻要用事实说话，没有事实的新闻不是好新闻，不善于用事实说话的新闻同样不是好新闻。好新闻一定是用事实说话的典范，也可以这样说，掌握了用事实说话的方法和技巧，就掌握了新闻采写的基本技能。那么，新闻写作怎样用事实说话呢？

1. 用事实说话的基本方法

（1）陈述事实

切忌大帽子下面开小差，用具体事实说话，直接叙述或描写事实，如《经济学家赶集》（载1980年4月25日《市场报》）、《肯尼迪遇刺丧命》（路透社达拉斯1963年11月22日电），都是直接陈述事实、传递公开信息的，没有“开小差”。

（2）选择事实

记者在进行新闻写作时，一般不必把所报道的事实的复杂过程或与主题无关的细枝末节都写出来，新闻中只要求报道最新鲜、最生动、最典型、最有意义的事实。这就需要在事物的复杂过程中进行选择和概括。选择的过程是提炼主题的过程，也是解决怎样用事实说话的过程。不善于选择，事无巨细，就会导致有可能淹没了真正的事实，使主题不突出。另外，善于概括，就是善于把事实浓缩，用准确、简略、流畅的语言表达事实的总体轮廓。

（3）点面结合

点面结合指新闻写作时既要有具体的事实，反映“点”上的情况，又要有概括的事实，反映“面”上的情况。两者结合，就会有一定的深度和广度，让读者既看到具体生动的局部事实，又了解到客观事实的全貌。这样，新闻就会有骨有肉，具有较强的说服力。如果只有几个孤零零的事实，没有反映全貌的事实材料，新闻就会显得苍白、单薄；如果只有概述的事实材料，没有典型生动的具体事例，新闻就会干巴、笼统，难以打动人。

（4）对比衬托

用过去的情况衬托新形势的巨大变化，用过去的数字（百分比等）与现在的数字进行对比（比例的增多），用落后与先进进行对比，进行横向比较等，以使受众一目了然，增强宣传效果。

（5）再现场景

用记者亲眼所见的典型情景和场景说明想要说明的问题，也是用事实说话的最常用、最有说服力的手法。再现场景的方法，通过具体生动的叙述和描绘，可以把读者带进现场，让读者从现场的真实场景和氛围中得出应有的结论，做出正确的评价。

2. 用事实说话的技巧

（1）使用第三人称

写新闻一般用第三人称，这是因为第一、第二人称容易给受众“灌输”和说教之感，使受众反感，难以达到用事实说话的目的。当然也并非第一人称和第二人称绝对不能用，在写作亲身经历的报到时，用“我”“记者”等第一人称，会增强真实感和可信度。某些人物报道和服务性新闻用第二人称显得亲切，如《追你追到天边》，就是用了第二人称。

（2）不直接发表感想和意见

西方新闻理论认为，“新闻是单纯的记事，意见必须与新闻明确地分开”“新闻不能包含没有出处的评论”。有评论意见宜注明出处，西方记者多用“据消息灵通人士透露”“此间观察家认为”等字样，其实下面说的话也是记者的，前面冠以虚拟的消息来源，感想和意见就显得公正、客观了。

（3）明确消息来源

写明消息来源，是用事实说话的一条经验。它对于重要的事实，可以增强新闻的分量；对于有争议、容易引起怀疑的事实，可以增强新闻的可信度，同时也利于读者自己去分析、判断；对于那些一时还得不到官方确认，又十分重要的新闻事实，最好每句话都注明消息来源。

（4）注意报道的平衡性

注意报道的平衡性主要是针对有倾向性的报道而言的，客观、公正、全面是客观报道的基本原则。用事实说话，要说全面的话、公正的话，不能顾此失彼，造成片面性。

所谓全面、公正，就是既报喜又报忧，既讲成绩又讲缺点。掌握好平衡性，就是在一条新闻中要顾及问题的正反两个方面，表扬时不把成绩说得过满，要看到差距和不足，批评时也不要一棍子打死，要写出产生问题的主观和客观原因。这样，读者才能感到你的新闻是客观的，是站在了公正的立场上，不偏袒任何一方。尤其是对有争议的问题，记者应该报道双方或各方意见。

（5）掌握“藏”的技巧

新闻是一种无形的意见，这个意见是用事实表达的。记者的观点、思想、倾向是不能裸露在新闻中的。这就要求记者善于藏而不露，就是要在内容上尽力贯彻自己的意见、观点，但在形式上要竭力隐藏自己的意见、观点。这就需要掌握“藏”的技巧，学会运用“藏”的艺术性。

一是“藏”在幕后。有些事实不能显示记者的思想和倾向，幕后的一些事实又不能和盘托出，在这种情况下，需要用特殊的笔法把幕后的新闻点一下，虽是寥寥几笔，却能起到画龙点睛的效果，它能使读者体会到记者要说的话。

二是“藏”在新闻角色的口中。就是借别人的嘴说出记者要说的话，它和注明消息来源不同，注明消息来源是为了新闻的可信性，“借人之口”却是一语双关，让新闻角色说出至关重要、一语中的的话。这些话常常是在记者穷追不舍采访追问之下得来的，最能代表记者的思想和倾向。

三、新闻写作的思维特征及其运用

（一）新闻写作的思维特征

思维，相对于存在而言，是整个认识活动的总称。人类认识客观世界有两种基本思维形式：一是逻辑思维；二是形象思维。逻辑思维又称抽象思维，是通过概念、判断、推理，从普遍事物中，抽象出事物的本质。形象思维又称艺术思维，是通过形象的方式，从个别的具体的事物中，揭示出事物的本质。这两种思维形式的共同点：都是人脑的机能、特性和产物；都是人类认识世界的理性阶段的表现形式；都遵循由感性认识到理性认识的一般规律。不同点：认识世界的方式不同，其特点是前者具有抽象性、间接性，后者具有具象性、直接性。这两种思维形式在人的认识活动中是相互渗透、相互作用、相互融合、相互统一的。在认识不同对象时，则有所偏重。比如科学研究，主要是用逻辑思维，但也需要借助研究对象的具体事实、现象及各种材料等具象性的物件来进行抽象思维；即使是科学研究成果的表述也并不排除形象的表达。再如文学创作，主要是用形象思维，但它需要以逻辑思维为基础，并需要逻辑思维的辅助贯穿创作的始终。

上述两种基本思维形式及融合的情形，也适用于新闻写作。所以诸多新闻学研究者提出：新闻写作要用逻辑思维做指导，用形象思维来体现。

要明确新闻写作的思维特征是事实表现，其意义有三点：一是遵循了新闻写作用事实说话的基本规律；二是具体运用了逻辑思维和形象思维，因为事实既包含有逻辑性（事实的准确、完整），又包含有形象性（事实的具体、实在）；三是有助于克服新闻写作中的概念化和虚拟化现象，因为如果新闻写作自始至终抓住事实，那么写出来的作品就是事实本身，而不是概念加例子，也不会为了内容丰富生动而去搞“艺术想象”，导致新闻失真。

（二）新闻写作思维的运用

如何运用事实来思维，一般来讲，用逻辑思维对事实做出价值判断，并对事实进行挖掘和有机组合；用形象思维来选择形象化的典型事实并把它生动地表现出来。不过，这只是个原则，目前人们还没有深层地揭示如何有效地运用事实来思维的途径和方法。我们认为，在思维领域运用创造性思维，或者说掌握一些特殊的思维方法，有助于落实这个原则。以下几种思维方法可供借用：

1. 运用求同思维，找出事物的本质

求同思维是指根据一定的事实和知识来解决某个问题的一种有方向、有范围、有中心、有条理的思维方法。新闻写作，不光要反映事物的本来面貌，即现象，还要反映事物的本质，求同思维就是个好方法。它可以帮助作者提炼一个正确、深刻的主题，并有条理地统帅所要表达的事实。不过，单纯的求同易陷入雷同。因此，求同思维往往和求异思维一起运用。当作者寻找事物的共同点时，并不将事物之间的不同点加以舍弃，常常是在已经充分看到“异”的基础上，去审察其中隐含的“同”。这个“同”也往往是事物的本质所在，或者说找到了问题的关键之处。

例如，荣获首届“中国新闻奖”一等奖，由记者陆国元、张伟弟、周正平采写的消息《百家“三资”企业调查表明：在华投资大有可为》是他们三人在调查100家“三资”企业后，用求同思维方法分析出来的结论。记者在导语中写道：“记者最近在华东沿海对百家‘三资’企业进行的一次调查表明，尽管大多数外商对大陆‘单调’‘枯燥’的业余生活有所抱怨（注：这是看到‘异’），但90%以上的外方伙伴对在华投资的前景表示乐观（注：这是求‘同’）。”下面分述的事实就按求同的思路展示，使消息显得客观、公正，而又抓住了根本。

2. 运用求异思维，寻找报道的新角度

求异思维是通过对已有经验的奇妙综合，产生某种崭新思想的过程。人们在开展各种活动，从事各项工作的时候，思维定式都在发生作用。它的积极影响，表现为促成思维的方向性、前后一致性，而其消极影响，则表现为导致思维的刻板性、惰性。鉴于新闻报道追求“新”，所以记者在采写活动中，抑制思维定式的消极影响特别重要，这就要运用求异思维，以求写作上的创新。

求异思维主要有如下两种形式：

一是逆向思维，就是对已成定论的事物或观点反过来思考，证实它是否正确。这似乎在持否定态度，其实在探求真理。如“金牌就是名牌”，这是顺向思维；“金牌不是名牌”，这是逆向思维。哪一个对，用事实来回答。

二是发散思维，就是以一个问题或一个事物为中心，把思路向四面发散，通过多种渠道进行思索，摆脱经验造成的心理定式，寻找新的答案。简单讲就是不要单一思维，而要多向思维。运用发散思维可以帮助作者打开思路，达到“众里寻他千百度，蓦然回首，那人却在灯火阑珊处”的境界，即找到你苦苦不得其解的问题的答案。这在新闻写作中是常见的现象。

3. 运用统摄思维，寻求报道的高度

统摄思维又称收敛思维，它是一种驾驭、吸收并凝聚各种信息的思维。对记者来说，运用这种思维就意味着要对采访中获得的众多事实进行集中、过滤、分析、归纳，并在此基础上根据报道价值做出正确的概括和评价。

例如，获第五届“中国新闻奖”一等奖，新华社山东分社和北京分社两位记者苏会志、王进业采写的通讯《菜价追踪》，是针对京城菜价上涨、细菜比肉还贵的现象，从产、供、销“一条龙”看问题，从农村到城市的一次全程的追踪调查。其目的是搞清菜价上涨的原因，引起政府主管部门的注意并促使其着手解决这一生活难题。记者把一件件耳闻目睹的事实一一记录，然后从宏观上把握整体，从微观上展示各个环节，统摄在菜价问题上，既找到了菜价上涨的原因——市场管理机制不健全，又提出了如何建立一套新的价格调控机制的对策，使报道达到一个新高度。试想，如果不运用统摄思维，那么记者采访得来的材料，在进入写作阶段时就会“剪不断，理还乱”了。

4. 运用立体思维，寻求报道的深度

立体思维是相对平面思维、线性思维而言的，它是指在事物发展的不同层次上向纵、横方向延伸的思维。也就是说立体思维要反映报道对象在一定时间、空间内的整体结构，反映报道对象与其他事物的纵向、横向联系的网络，以及这种整体结构和联系网络运动变化的立体形态。写出来的作品不是所谓的“立体报道”，因为有的研究者把立体报道叫作“中性报道”，此观点在新闻界有异议。立体思维具有多向性、综合性、连续性、思辨性的特点，多用于“深度报道”这一报道方式。

例如，获第三届“中国新闻奖”一等奖、记者陈锡添采写的通讯《东方风来满眼春》，报道的内容是我国改革开放的总设计师邓小平同志在 88 岁高龄时第二次视察深圳的活动，这是一个重大新闻。作者用唐代诗人李贺的《河南府试十二月乐词》中的一句诗“东方风来满眼春”作为题目，饱含寓意而又形象地展现出一幅鹏城（深圳）春意荡漾的图景。全文以纪实的形式，运用场面描写、行动描写，把邓小平五天的活动立体地、全方位地表现了出来。虽然是纪实，但作者没有停留在流水账式的记录上，而是在纵向上写深圳 8 年来的巨大变化，在横向上辐射中国改革开放所面临的新课题。表述时将情与景、人与物、事与理融于视察活动中；在按时间顺序描述时，把邓小平的历史性讲话穿插于逐日活动中，又运用了丰富的背景材料，把邓小平理论的精髓和在深圳的成功实践有机地结合起来，使读者从报道中获得的不仅仅是信息，还受到一次生动的有中国特色的社会主义教育，换句话说，是邓小平理论光芒的闪现。或许作者写作构思不够充分，行文长了一些，这篇长达 11000 字的报道，或许不能称为“深度报道”，但作者的思维方式却是朝着立体思维方向进行的，可以说显露了立体思维的端倪。

以上所举的几种创造性思维的方式方法，并不代表新闻写作思维的全部，只是主要几点而已。在实际写作活动中，它们也并不是截然分开的，必然有交叉、融合或侧重的情况。运用这些思维方法，目的是求得最佳构思效果及最佳谋篇布局形态，并有效地报道新闻事实。

第三节　新闻采访与新闻写作的关系

新闻采访和新闻写作，在整个新闻传播活动中，分别占据着重要位置，二者缺一不可。有时须交替使用，在采访过程中兼有写作，在写作过程中再做补充采访。

一、两者相辅相成、互为制约

新闻采访和新闻写作具有趋同性和一致性，二者都是从接触和了解报道对象开始的。采访和写作共同的目标是依托对新闻事实的报道来传播新闻信息，包括物质和精神的信息。正是由于活动目标的一致性，新闻采访与新闻写作有机地形成了辩证结合关系，你中有我，我中有你，谁也离不开谁。从认识论的角度看，无论新闻采访还是新闻写作，都是从认识和了解报道对象开始的。首先是要接触报道对象，然后是了解报道对象；只有了解报道对象，才能得出准确的认识。对报道对象了解得越深入、透彻、全面、细致，认识才会越深刻，写作才会更加得心应手。新闻采访和新闻写作，有着相同的起点，都是正确认识报道对象，使主观认识和客观实际相一致。从新闻构成的总体程序和所起作用来看，二者虽然各自担负不同的使命，但从认识论的角度来说其目的是完全一致的，都是使采访主体和写作主体的主观认识符合客观实际。新闻采访旨在识别新闻和获取与客观实际相关的各种素材，然后在此基础上，获得对客观对象的正确认识。新闻写作旨在反映和表现事实，主要是根据采访得来的事实材料，进行由表及里、由浅入深、去粗取精、去伪存真的分析和选择，挖掘、利用信息资源，采取适当的文本形式和表现方法，使客观存在的事实变成可供传播的有价值的新闻信息，满足受众的需求。

新闻采访对新闻写作在真实性、深刻性和丰富性等方面有一定的制约作用。凡是有深度、有影响的新闻作品，都是在深入细致地进行采访的基础上得来的，采访的时间花得越多，下的功夫越大，采访越认真，写出的新闻稿就越能经得住推敲，就越能确保新闻的真实性。虚假新闻产生的一个主要原因，就是采访不深入、作风不扎实、走马观花、道听途说、捕风捉影。新闻的公信力来自真实、公正和客观，要做到真实、公正和客观，只有深入现场，亲眼所见，亲耳所闻，亲身感受，采访当事人，仔细了解和核对有关情况，才能减少或避免虚假新闻，才能减少或避免新闻失实现象，才能使新闻的公信力得到保证。新闻报道有无深刻性是衡量新闻作品质量高低的一个重要标准之一,一篇具有深度的新闻报道，有方方面面的因素，比如记者的认识能力、分析问题和解决问题的能力，记者的思想政策水平和理论素养等。除此之外，还有一个重要因素就是记者采访是否下了功夫，对事实是否真的了解了、吃透了，也就是采访的深度直接制约着新闻作品的深度。因此，对新闻事实要努力向纵深处挖掘，浅尝辄止和蜻蜓点水式的采访，是不会做出有深意的报道的。有的新闻作品，特别是通讯、特写等，之所以写得丰富多彩、有说服力、生动感人，是因为记者的采访深入细致，尤其注意采访大量的事件和人物的细节。记者在采访时一定要细心观察、用心感悟。多掌握最能表现和刻画事件和人物的精彩瞬间及言语、动作等，为体现报道对象精神世界的丰富性和使作品具有感染力创造条件。

采访对报道的制约作用，还表现在采访时间的限定和采访方式上，如采访的“快”和“持久”决定了最终的报道形态，采访快速迅疾，就适宜进行资讯报道；采访持久、深入，就适宜写作通讯、深度报道等。用什么样的方式进行采访，会决定报道的文本样式，如以观察为主，适宜写作现场新闻、视觉新闻、现场目击记等；以访谈为主，可以写作专访、口述实录等。

只有采访的功课做足、做全、做充分，写作才能从容不迫、胸有成竹。

二、采访是写作的前提和基础，写作是采访的表现和结果

从记者的报道活动看，主要是采访（拍摄）、写作（制作）两个阶段，采访是第一步，采访在先，写作在后。采访主要是搜集素材，为写作创造条件，打下基础；写作是如何挖掘和表现新闻事实，是对采访阶段的升华。

从活动的程序看，先有采访后有写作。这一程序是不能颠倒的，否则就违背了新闻工作规律，如果不先采访，写作就无从谈起，即便写，那也是闭门造车，凭空编造。

采访是整个新闻活动的前提条件和基础环节，要高度重视采访，舍得花力气，舍得投入时间和精力。现今新闻媒介，无不高度重视采访，拥有一支高水平的采访队伍，是打造媒体影响力的根本保证，如 2008 年汶川大地震、2011 年日本大地震，众多新闻媒体都反应迅速，行动敏捷，调集精兵强将，进行全方位、立体式采访。如中央电视台获悉日本地震的消息后，派出 5 路采访记者，投入采访报道中。凤凰卫视之所以能在传媒竞争中快速崛起，就是因为与舍得采访投入有关，如卢宇光就是因为在重大事件中能够深入现场采访并及时发回报道而声名鹊起的，并成了一名名记者。如果把新闻报道工作看成建造一座大厦，采访就是打地基，高度重视采访，把采访工作做得扎扎实实，就为报道奠定了牢固的基础。

新闻写作是对新闻采访的升华，大体包含这样一些内容：写作是认识的高级阶段，也即从主观认识到客观认识的阶段；写作是整理加工采访得到的材料，要去粗取精、去伪存真；写作是对采访所得进行理性认识，因而要能够发现事实的深刻之处、启示之处、警醒之处。总之，通过新闻写作，能使新闻采访获得的材料发挥最大、最佳的效益。

三、采访决定写作

采访与写作同样重要，采访直接影响写作，采访是占首位的，起决定性因素。两者关系的实质是采访决定写作。采访的成败得失决定写作的成败得失，新闻界有“三分写七分采”之说，可见采访的突出位置。

新闻采访决定新闻写作，体现在以下几个方面：

第一，若想反映好事实，必须充分认识事实。对客观事实的认识，尽管可以贯穿于整个新闻活动过程中，但认识事实的任务主要是在采访阶段完成。新闻反映客观事实，新闻写作有赖于对事实的采访。抓新闻就是抓事实，写新闻就是写事实，新闻写作是基于事实的写作，如果没有抓取到足够的事实材料，即使有生花妙笔也无济于事。

第二，采访越投入，写作越从容。若想写出深刻、全面地反映客观事实的新闻作品，必须先进行深入、全面的采访。采访上的投入，就是把采访当成报道成功的至关重要的环节，舍得花费工夫，舍得下大力气，这样写作才能从容不迫，游刃有余。精彩报道来源于精彩的采访，成功的采访是写出质量上乘的新闻作品的根本保证。

第三，内容决定形式，形式服从内容。采访所要解决的是新闻内容的问题，写作主要解决的是新闻形式的问题，即用什么体裁写作，写长或写短，如何表现更好，等等，这就叫“量体裁衣”。适合写作消息的事实材料，把它拉长篇幅，写成长篇通讯，由于缺乏应有的情节、细节支撑，结果会适得其反。相反，把可以写出通讯的材料只写成概括、简略的消息，丰富的事实就不能得到充分、生动、形象的反映，会造成资源的浪费。

在新闻传播实践中，尚存在轻采访重写作的倾向，特别是网络时代，给采访带来极大的便利，使深入实地的采访受到极大冲击。必须正确处理好新闻采访与写作之间的关系，明确新闻采访是新闻写作的基础环节的理念，高度重视采访，坚持走基层，特别是要到新闻事实发生的现场去采访，去抓“活鱼”，练就高超的采访本领和技艺，同时，熟练掌握新闻写作的“十八般武艺”，方能成为一名合格的记者。

第三章　新闻采访者

新闻传播活动中，采访者也就是新闻记者，他们作为新闻信息的采集者和传播者，是新闻信息传播过程中核心的要素。随着社会的变革、媒介技术的进步和受众需求的多元化发展，新闻记者的素质面临着全新的考验。他们必须在丰富自身素质的过程中，更好地完成信息的传递。同时，新闻记者在当代新闻传播活动中发挥着重要的作用，是现代新闻事业发展进程中的一支重要力量，为新闻事业的发展做出了独特的贡献。记者的素质要不断地提高，以适应当代新闻传播活动的需要。

第一节　新闻采访的主体和客体

一、新闻采访的主体

新闻记者，通称记者，是全体新闻工作者的简称，指的是新闻传播机构的采访报道人员，包括总编辑、编辑、记者、播音员、通联工作人员等。新闻记者是新闻采访、新闻制作和新闻传播的主体。

新闻采访的主体就是记者，作为新闻报道的第一个把关人，不同的记者又有不同的工作任务和内容，有的时候由于工作的特殊性，一个记者还要扮演“多面手”的角色。

按照大众传播媒体的不同分类，记者可以分为报纸记者、广播记者、电视记者等；在媒体内部由于分工的不同，又有专职的文字记者、摄影记者、摄像记者等。媒体竞争日益激烈，加上通信器材的改进和通信技术的发展，很多单一型记者逐渐演变成“多面手”，集口述、写作、摄影、摄像等多项基本技能于一身。

一个媒体会有不同的分口路线，从而产生了不同的分口记者，比如工业记者、文教记者、体育记者、娱乐记者、经贸记者、农业记者等。按照技术职称来划分的话，记者又分为助理记者、记者、主任记者、高级记者。

根据业务分工的不同，新闻记者又可分为机动记者、专业记者、驻地记者、特派记者、特约记者、驻外记者。下面就各门类记者的主要特征及工作方向做一简要介绍。

（一）机动记者

机动记者又称直属记者，是直属总编或总编办公室领导的、负责重大新闻和重大典型新闻的采写的人员。他们在平时没有固定的任务，哪里需要就往哪里去，机动灵活、随时待命。现在，中央和一些省级报社、电台等都设有一定数量的机动记者，机动记者在政治和业务方面都需要有良好的素质。

（二）专业记者

专业记者是专门采访报道某一行业或某一战线的记者。为了适应实际工作各部门和各方面对报道的需要，新闻单位一般都设有专业记者，诸如政治记者、经济记者、教育记者、体育记者、科技记者、文艺记者、军事记者、外事记者等。

专业记者最大的特征就是“专”。他们在自己分工的领域掌握了较全面的专业知识，有一定的研究和独到的见解。在自己的报道领域有较为深入的认识、有较多的发言权，所写的报道在社会相关领域有较大影响和权威，由他们撰写的新闻报道拥有相对固定的读者群。

（三）驻地记者

驻地记者是新闻单位派往某地的常驻记者，记者多的地方设置记者站。驻地记者直属编辑部，但在政治生活方面主要由地方党组织领导。新闻单位派驻地记者，有利于加强新闻单位同地方党组织和群众的联系，有助于及时反映当地发生的情况，报道当地各方面的工作。但是，由于常驻在某一地区，驻地记者了解的情况就会有所局限，这对于提高他们的新闻敏感度和业务工作能力是个不利因素。

因此，各新闻单位要不断加强对他们的领导，经常组织他们学习中央精神，向他们提供全局的情况和其他地区的信息，并适时组织各地记者相互交流，相互促进，组织异地采访，这样才能全面提高他们的业务素质。

（四）特派记者

特派记者是新闻单位为某项重要的特别任务而派遣的记者。特派记者又是对业务能力较强的记者的称呼，特派记者在记者中属于高一级的级别。邵飘萍 1916 年担任《申报》驻北京的特派记者，给《申报》发专电、写通讯，其“北京特别通讯”专栏很受读者欢迎；范长江曾以《大公报》特派记者的身份进行采访；郁文、林朗等曾以特派记者的名义，在延安出版的《新中华报》和《解放日报》上发表了很多深受欢迎的好通讯；刘白羽、周而复、李普等，都曾担任过汉口、重庆出版的《新华日报》的特派记者。建国初期，许多报纸都设有特派记者。

（五）特约记者

特约记者是新闻单位给予其为某项重要的采写任务而特别约请的本新闻单位以外的专门来完成此任务的人员的称号。特约记者的性质、任务与特派记者相同。特约记者不同于通讯员，他们采写的稿件一般较为重要，且在内容上别有特色。

特约记者一般由这样三部分组成：一是地方党委或业务部门的实际工作者；二是地方省、市报纸的专门负责人；三是作家、学者和外单位的记者，如作家方纪、徐迟、韩北屏、萧乾、韶华等都曾经作为特约记者发过稿件。

（六）驻外记者

驻外记者是新闻单位派去外国采访的记者。向国外派驻记者，有利于了解世界政治风云的变化，了解各国人民的风土人情、政治文化生活和经济、军事等信息，了解我国外交政策的影响，有利于增进中国人民与世界人民之间的友谊。

瞿秋白是我国较早的驻外记者，受北京《晨报》和上海《时事新报》的派遣，1920 年 10 月与俞颂华、李宗武一起赴苏俄考察、采访，是十月革命后我国报纸派往苏俄采访的第一批记者。1939 年 10 月到 1946 年夏，萧乾是《大公报》驻英国的特派员，在欧洲经历了第二次世界大战的全过程，是西欧唯一的中国随军记者。现在随着我国经济实力和媒介自身的发展，我国驻外记者的数量也在逐年增加，基本具备在全世界进行新闻采访的能力。

二、新闻采访的客体

在新闻采访中，采访客体显然是与采访者共生的一个概念。新闻采访的客体是指作为采访活动客体存在的各种客观现象，即采访主体以外的社会现象、自然现象、被采访者现象，以及新闻受众。

采访主体与采访客体是索取和给予的关系，在这种关系中，两者之间更像是一种博弈。所以，了解采访客体、研究采访客体的特点，对于采访来说是十分重要的。采访对象有以下特征：

（一）具有相当的复杂性

随着时代的变迁，人们对信息的要求也发生了变化，既要有短平快的信息也要有深度报道，既要有冲击力的信息也要有耐人寻味的分析。新闻形式、内容的多样化使得报纸不断扩版、电视节目不断增加、网络报道铺天盖地，从而导致了采访对象的数量在迅速增长。

既然任何人、任何事都能成为采访客体，那么采访客体的复杂性也就可想而知了。“一滴水可以折射太阳的光辉”，同样，每一个采访客体都可以折射出错综复杂的社会现象。随着采访对象结构的复杂化，记者对新闻价值、性质和真伪的甄别难度也在加大。

（二）具有较强的针对性

记者在采访时，必须寻找最了解情况的个体。每个采访客体对自己熟悉的领域应该是具有相当大的发言权或代表性的。

（三）具有鲜明的目的性

新闻记者与采访客体是索取和给予、生和熟、说和做的关系，具体表现在记者要从采访客体那里得到自己想要的新闻事实、观点，而记者对于这一现象或领域是陌生的，必须通过采访客体的行为来达到自己的目的。

如何巧妙地引导与采访对象的谈话使之符合记者的采访目的，如何使采访对象的目的与记者的目的相统一，这是每一个记者的每一次采访都会面临的考验。

第二节　新闻采访者的素养与精神

媒体的竞争不仅包含了新闻报道的比拼，还包括记者素质的竞争。记者需要有良好的职业素养、政治素质、业务素质以及严格的自律精神。

一、职业素养

古人说："涉浅水者得虾，其颇深者察鱼鳖，其尤甚者观蛟龙。"对于新闻工作者来说，亦是如此。记者如果远离了一线，不去探究新闻背后的故事，不去挖掘新闻现象的本质，所传递的新闻不过是表面的、肤浅的、局部的事实而已。

贴近实际、贴近生活、贴近群众是新闻传播规律的本质要求。"三贴近"是一个相互联系的有机整体。实际，是社会生活的实际，是人民群众的生活实际；生活，是丰富多彩的实际生活，是人民群众的实际生活；群众，是社会实践中的群众，是实际生活中的群众。实际是根基，生活是源泉，群众是出发点和落脚点。因此，对于新闻工作者来说，"三贴近"必须做到"三深入"——深入实际、深入生活、深入群众。

心离群众有多近，作品离群众就有多近。在新闻的采写实践中，发现好的新闻是最重要的。但是，新闻总是藏在实际中、藏在生活里、藏在群众间，不用心发现，就会与之失之交臂。"脚板底下出新闻"，新闻是跑出来的。这就要求记者主动深入现实生活，到基层去，到人民群众中去，到群众最需要的地方去。一旦离开了现实生活，即使找到了新闻，也只能是鸡毛蒜皮、隔靴搔痒的事。

找到了好新闻，还必须要有好的内容、好的写作手法做支撑。面对信息量庞大的新闻事件，选择什么内容才能真正打动读者？面对严肃的主题，如何才能引起老百姓的关注？面对世间百态、人情冷暖，如何才能产生"嘤其鸣矣，求其友声"的社会共振效应？

这就要求记者多听、多看、多想，以平民的角度处理新闻，遇事必须站在平民百姓的位置上去考虑，力求既符合国家现行法律、政策规定，又得到百姓的认可。实际、生活、群众始终是优秀作品的活力与魅力所依、价值和意义所在。而对于媒体来说，媒体引导力的强弱，最终取决于受众对它的认可度和它的公信度的强弱，而认可度、公信度则来自媒体与受众所想、所需的贴近度和满足度，不贴近，所予非所需、所答非所问，引导力就无从谈起。

民生新闻的出现，就是新闻工作者贯彻落实“三贴近”原则的产物，江苏省广播电视总台城市频道的“南京零距离”等一批优秀的民生新闻栏目，以平民的视角观察社会、关注人民生计、关心市民生活，以城市公民为传播对象，采用群众喜闻乐见的播放形式，其内容和形式上的“三贴近”特色，赢得了老百姓的普遍欢迎。

二、政治素养和业务素养

（一）政治素养

新闻记者要具备的政治素养，就是要自觉地同党中央在思想上、政治上保持一致，熟悉党和国家的各项方针政策。

记者不一定是政治家，但是，一定要有政治家的头脑。政治家的头脑体现在新闻实践中，就是采访者的政治意识、责任意识、大局意识。

美国著名报人普利策曾经这样说：“倘若一个国家是一条航行在大海上的船，新闻记者就是船头的瞭望者。他要在一望无际的海面上观察一切，审视海上的不测风云和浅滩暗礁，及时发出警告。”

站在时代的高处，立于潮流的前沿，敏锐地发现和及时报道社会大船上存在的诸多漏洞和问题，让执政者了解人民的疾苦，使政策顾及更多的人民，推动社会大船安全稳步地乘风破浪前进，这是记者的社会责任。

记者是记录者。今天的新闻，就是明天的历史。新闻具有记录历史的品质。因此，记者要行走在记录的路上，忠实于真实，忠实于大局。作为记者，要让自己的思想和行为自觉维护全党和全国工作的大局，始终以很高的政治鉴别力和很强的大局意识，围绕党和国家的中心工作来选取和把握报道题材，做一个忠实的历史记录者。

记者是发现者。记者不是电信局的发报员，不该只是机械地记录，而应该是在记录过程中，用自己的头脑和心灵去感悟，感悟世间百态，分清是是非非，找出发展路径，见人所未见，道人所未道。为此，记者心里要有“一盘棋”，要有对党和国家工作大局、社会宏观形势的清晰认识，要有高度灵敏的触觉，面对纷繁复杂的社会现象，能见微而知著。

记者是思考者。成功的新闻作品里，不仅要有高屋建瓴的宏观视野和“一览众山小”的思维空间，还要有“水暖鸭先知”的先见之明和“千寻铁索沉江底”的思想深度。这就要求记者要怀着对国家和人民的深切热爱，以强烈的社会责任感，用心观察、用心思考、用心实践、用心做文章，以思想的力量、文章的力量、舆论的力量，推着国家这艘“大船”驶向正确的航道。

（二）业务素养

1. 新闻敏感的培养

美国新闻学者卡斯柏·约斯特在《新闻学原理》一书中的一段话，形象地阐述了新闻敏感对于记者的重要性。他说：“一个不善于辨别色彩的人，不能成为一个画家；一个不懂得和谐的人，不能成为一个音乐家；一个没有‘新闻敏感’的人，也不能成为一个新闻记者。”《新闻学大辞典》对新闻敏感是这样定义的：新闻敏感是新闻工作者迅速、准确地判断有价值的新闻事实的能力，又称为“新闻嗅觉”“新闻鼻”，是新闻工作者的一种职业敏感。新闻敏感还有“新闻眼”的说法，综合来说，就是记者敏锐识别和准确判断客观事物所蕴含的新闻价值的能力，它是一种职业敏感，是一种顿悟性的思维活动，是记者政治水平、理论水平和业务能力的综合表现。

新闻敏感是记者的一项基本业务素质，即判断某个事实能否引起受众兴趣的能力，也就是发现新闻价值的能力；判断同一新闻事件的许多事实中，哪个最重要，哪个次重要的能力，也就是分析材料、取舍内容的能力；判断某个线索是否可能导致重大新闻发现的能力；判断在已发表的新闻中，哪些同记者收集到的情况有关，从而发现更重要的新闻的能力。

具有较强的新闻敏感，就可以见微知著，迅速抓住新闻线索，进而发现有价值的新闻；可以据以挖掘新闻素材，并从中鉴别最有传播价值的事实；有利于选取最佳的报道角度；能够预见新闻后面的新闻。那么记者如何培养新闻敏感？

一是及时捕捉每一个新变化，这些变化包括政策出台的变化、时代发展的变化、突发事件的变化，等等。

政策是记者观察问题的眼睛及解决问题的钥匙，不懂政策，新闻报道就会迷失方向、偏离轨道，给党的事业带来危害。政策的变化总是与时代的发展紧紧相连，记者要善于从改革的角度思考，抓住历史进程中最新鲜活泼、最有生命力的事件，从事件的不同角度进行分析，给受众带来新的启发。

二是准确判断新闻价值。

面对众多的新闻线索，如何进行选择？判断的标准就是是否有新闻价值。前面已提到，新闻价值可分为五个范畴：时新性、重要性、显著性、接近性与趣味性。总的说来，时新性要求新闻事实是新近发生或者正在发生的，内容越新鲜，新闻价值就越高；重要性由新闻受众的利益来判定，如果和多数人的利益息息相关，那么它的重要性就大；显著性是指事件和人物容易引起人们的关注，往往涉及知名人士和机构；接近性指的是新闻事实与读者在地理、职业、年龄、喜好、心理、政治立场以及利害关系等方面的接近；趣味性指的是新闻事实的具体内容吸引人，并能引起人们的共鸣。

三是永远保持一颗好奇的心和一种坚持不懈的精神。

在捕捉新闻线索的过程中，优秀记者的敬业精神往往体现在两方面：一是多问为什么，新闻事件的挖掘并不能靠记者的想当然，这就要求记者保持一颗好奇的心去探索新闻背后的“新闻”；二是不到山穷水尽，绝不轻言放弃。

《纽约时报》记者泰勒接到编辑部派发的采访一名名女演员的任务，到剧场后发现该女演员取消了演出，便回家睡觉了。谁知深更半夜，编辑气冲冲地把他叫醒，对他说：“其他报纸的头条新闻是这位女演员自杀，你却空手而回，须知，取消演出本身就是新闻，它的背后可能还有新闻。”这位编辑告诉他：“记住，以后你的鼻子不要再堵塞。”

在发现新闻线索后，有时记者的采访会面临很多意想不到的考验，如恶劣的自然环境、不肯配合的采访对象等，这对记者的敬业精神是一种考验。2003 年普利策新闻奖有一篇叫《恩里克的旅程》的获奖特稿，《洛杉矶时报》女记者纳扎里奥历时 5 个月，沿着偷渡客的路线穿越了洪都拉斯、危地马拉全境和墨西哥的 13 个省，趴在火车顶上和偷渡客一起躲避沿途的检查站、警察和专门袭击偷渡客的匪帮，终于掌握了第一手鲜活素材。3 万多字的报道，充满了鲜活的细节，读来既惊心动魄又扣人心弦。没有亲身经历、没有坚持不懈的精神，绝不可能写出如此具有强烈阅读效果的文章。

2. 语言、文字、摄影、摄像能力

语言文字表达能力是一个记者的基本功。采访中，记者需要与采访对象沟通交流，思路情绪表述流畅是必备条件，同时还要能把握好采访节奏和进度，在有限的时间内做有效的沟通。记者不仅要说得好，还要写得快、写得好，能够在各种不同的工作环境中，在最短的时间内，写出新闻稿件。读图时代的到来更加提高了图片在新闻报道中的重要性。所以除了文字应用能力，对摄影、摄像的把握也很重要。

除了以上能力要求之外，还有很多需要必备的技能，比如说驾驶技能。记者还要具备广博的知识、深度的见识。因为记者每天都要与各种渠道和部门的人、事打交道，所以既要精通本专业的知识，又要注意研究各方面的知识。

三、自律与他律

在新闻事件的报道实践中，有偿新闻、炒作新闻、侵犯隐私权、恶性竞争这些不良行为已经使媒体的公信力备受挑战，这些不良行为折射出新闻工作者的道德水平在不断滑坡，加强新闻记者的自律与他律是摆脱以上困境的唯一出路。

“信用危机”的受关注度近年来越来越高，作为大众眼、鼻、喉、舌的新闻界，可以说是“信用”的一个直接载体，所以，“信用”对新闻界是举足轻重的。可是，越来越多的事件使公众不得不重新审视新闻界。

媒体道德与法规，换个说法就是媒体的自律与他律。媒体道德，或叫新闻道德，主要探讨的是媒体义务与责任、新闻工作者的价值观和职责。媒体法规，就是从法律角度规范媒体行为，如规定哪些媒体行为是合法的，哪些是违法的，违法的行为将会受到什么样的惩罚，受害者将受到什么样的保护等。

媒体道德与法规的发源地是美国，而美国“第一修正案”和“哈钦斯新闻自由委员会报告”，对整个西方媒体的道德与法规学起着奠基和先导性的作用。这两个文件的核心就是“自由”和“责任”，同样它们也是两个对立统一的词语组合。

在遵循新闻自由和兼顾社会责任的前提下，促进新闻界良性发展离不开硬性的法律条文的约束和监督，更离不开媒体自身职业道德规范的督促。再好的法律也不会面面俱到，现实中新的问题总会层出不穷，提升新闻记者素质，要从加强媒体他律与自律两方面入手。媒体他律包括国家相关部门和社会各界力量的双层约束监督；媒体自律侧重于媒体以及媒体从业人员加强自身综合素质，时刻注意自身的社会责任。

来自外部的约束毕竟是有限的，真正起作用的是传媒机构及其从业人员的自律。新闻工作者应将新闻职业道德规范内化为自己的新闻道德观念，形成职业良心、职业荣誉心和职业品德。新闻职业道德规范一旦内化为传播主体的道德观念，就意味着传播主体获得了评价自我职业动机和行为的标准，也就形成了传播者的职业良心，它反过来又成为“调节新闻道德的力量”。遵守职业道德规范的人就是在一定职业中能够自觉自律的人，这样的新闻职业者，也必然是具有新闻职业美德或品德的人，也是对自己从事的新闻传播活动具有荣誉心的人。塑造新闻职业良心、形成新闻职业品德、树立新闻职业荣誉心，是一个长期的、艰难的过程，需要从一点一滴入手，需要不断地认知和实践。

除了各新闻单位和新闻工作者要加强行业自律外，新闻界还应该成立行业外的组织以对新闻媒体和新闻工作者进行监督。

第三节　新闻采访者的职业必备工具

记者工作时会使用各种各样的职业工具。善于使用职业工具，可以大大减轻记者的工作负担，让记者把主要精力放在新闻挖掘和写作中。

一、常备工具

笔记本和笔：记者与时间赛跑，被采访人也都是公务繁忙的人，记者不能在马上要开始采访前，对信源说："不好意思，等我打开电脑。"然后花上几分钟等电脑就绪。有时，记者可能会随机采访。这就要求记者随身携带一个小型笔记本和一支好用的笔，以便可以立刻做采访笔记或记录下自己的想法。

笔记本电脑：功能强大的笔记本电脑可以让记者走到哪里都可以记录想法、编辑稿件、查阅资料等。现在很多记者使用上网本。这种小型的笔记本电脑通常可以不插电使用很久，重量也比较轻，但都是以降低性能为代价的。习惯使用上网本的记者一般还会有另一台功能更强的电脑来编辑各种文件，完成更为高级的工作。

软件：就算是拥有全世界最好的电脑，没有相应的软件还是白搭。一般说来，记者工作需要使用的基本软件包括防毒、防木马软件，文字处理、数据处理、幻灯制作软件，网络软件（如网络浏览器、电子邮件软件）等。有时候，记者还会需要比较高级的图片、视频、音频编辑软件，以及通信软件。

数据存储：U 盘或移动硬盘等数据存储装备可以为记者交换文件、备份文件提供便利。电脑有时候会喜怒无常，因此要养成每天备份一次文件的习惯。

电话：电话的好处不言而喻。现在无线通信的发展日新月异，有的手机可以上网、录音、进行电话会议、摄影摄像、为笔记本电脑提供上网服务等，这些功能都可能为记者的工作提供便利。另外，深入灾区、战区的记者还会使用卫星电话，确保和总部随时保持联系。

摄影、摄像器材：记者有时候既要写文章，又要拍摄具有新闻价值的照片或视频。图片和视频常会增加受众对新闻的关注度。

录音笔：采访时使用录音笔，可以减轻记者记笔记的负担，并为采访提供证据。但这并不是说，录音笔可以完全代替笔记。如果被采访人说得太快，说得太多，录音笔可以让记者回顾采访内容，确保引用的准确性。但如果完全没有笔记，很多记者恐怕也懒得听录音。另外，最好和被采访人说明你正在录音，否则信源会有被欺骗的感觉，也会觉得你鬼鬼祟祟、不可相信。

二、参考资料

记者在撰写新闻故事时，各种参考资料是必不可少的，它可以让报道内容更丰富，也能确保报道内容的准确性。准备采访、提问时，参考资料也可以帮助记者问出好问题。

互联网：它俗称信息高速公路，可以使资料获取和收集更加简便。不过记者要注意，互联网上的信息鱼龙混杂，使用时一定要注意出处来源，应使用权威、中立的资料。一般说来，记者在网络浏览器的收藏夹中会收藏如下的网站。

①搜索引擎：如百度、谷歌、雅虎等。

②新闻门户网站：如新浪、搜狐等。搜索引擎常常也是新闻门户网站。

③重要新闻媒体的官方网站：如新华网、人民网、中国日报等。

④字典类网站：如在线新华字典、爱词霸等。

⑤百科全书类网站：如维基百科、互动百科、百度百科等。

⑥政府部门网站：如政府网站、中国共产党新闻网，以及不同政府机构的官方网站。

⑦与报道方向相关的网站：一些科学研究机构、期刊的网站，某些艺术组织、博物馆等的网站。

⑧图书馆：即使现在互联网上可以得到几乎关于任何事的任何信息，但仍然不能替代图书馆。图书馆可以让你获得各种以前和现在的报纸、杂志，许多你在网络上无法获得的参考资料，如专业字典、专业百科全书、年鉴、传记、地图册、历史文献等。使用图书馆最重要的技巧就是询问图书管理员。他们工作的一部分就是帮助读者找到想要获得的资料。

⑨政府资源：随着政务公开的推进，政府部门收集的数据也逐步向普通人开放。现在很多政府部门都定期在网上发布工作报告和统计数据。取得该部门的同意后，记者甚至还可以亲自查阅一些文件。从政府部门获得的数据是非常权威的。

三、个人资料库

个人资料库是每个记者为自己量身定做的资料库，是记者宝贵的财富之一。除了工作时遇到的资料外，记者也可以有意识地收集一些资料放入个人资料库。个人资料库包括以下几方面内容：

通讯录、名片：同行、专家学者、政府官员等各种你可能随时需要联系的人。现在数字化管理通讯录可以防止信息丢失，并能及时更新，与他人分享通讯录或者打印也非常方便。目前智能手机和个人电脑的发展也让通讯录管理更加简便。

个人新闻报道：自己曾经写的新闻报道一定要留好，它记录了你作为记者成长的历程。

你认为好的新闻报道：一些好的新闻报道可以激励你前进，也可以给你启迪。

令你感兴趣的文章：这些文章，无论是不是新闻报道，都可能会在无意间给你一些想法。同时，它们也可以扩大你的知识面。

无意看到的数据、事实：有些有意思的数据事实你看到后可以留起来，它们可以让你的报道更具有趣味。

采访、参加新闻发布会收集的资料：这些资料不仅对记者当时的报道有帮助，在日后也可以成为参考资料。

采访、读书笔记：采访笔记中常会有一些你报道时没有用到，但极为有用的资料。

另外，如果你有做读书笔记的习惯，也可以收集在个人资料库里。

记者既需要电子资料库，又需要纸质资料库。这是因为有些纸质资料没有电子版，如剪报，而有些电子资料没有必要变成纸质资料。此外，两者各有各的优劣。电子资料库不占物理空间，可以复制，但湮没在许多文件夹中，记者很可能不去查阅，最后沦为“电子垃圾”；纸质资料占用物理空间，复制也较为麻烦，但翻阅起来却很方便。无论哪种资料库，你都需要一个合理的分类系统，这样可以帮助你快速找到你想要的东西。

四、关系网

记者的关系网很重要，而好记者也会广结人脉。结交各方朋友能让记者有更多的信息来源，了解自己不知道的事情、接触从未想过的观点。强大的关系网也能让记者更容易找到合适的采访对象。

哈佛大学心理学教授斯坦利·米尔格拉姆提出过一个“六度分离”理论，即一个人和另一个陌生人的间隔不会超过6个人，也就是说，如果你想要找到世界上的任何一个人（如美国总统、大明星成龙、南美的某个印第安人），你最多只需跨越6个人。到目前为止，还没有人推翻这个理论。

如果这个理论正确，这意味着记者的关系网越广泛，与世界的连接点就越多，找到一个人的步骤也就越简短，即使没有该理论，这个道理也是显而易见的。

第四章　新闻采访的策划与实施

第一节　新闻采访的策划准备

古人云："凡事预则立，不预则废。"一切工作开始之前，都应有个准备，而且是充分的准备。新闻采访也不例外。采访的准备工作做得好坏与否，直接影响到采访的效果。被美国 CBS《60 分钟》栏目制片人史蒂夫称为"中国的《60 分钟》"的《新闻调查》就是中国较早成功引入"策划"理念的栏目，它要求从节目样式、基本结构、主要事实到具体的采访问题和镜头的设计等，都要提出可行性操作方案。以采写世界领袖人物而著名的意大利女记者奥琳埃娜·法拉奇，在谈到成功的诀窍时也总不忘提到采访前的精心准备。她说自己每次采访前都会花好几个星期的时间进行资料的搜集和采访方案的制定，其紧张程度简直就像学生准备大考一样。

一、获取新闻线索

（一）新闻线索的含义

新闻线索，是指新近发生的事实的简明信息或信号。

新闻线索是指可能成为新闻的或具有一定新闻价值的某种事实所传播的信息，也可以说是已经或者将要发生的新闻事实所发出的信号。新闻线索不等于新闻事实，是记者发掘题材的一种凭据。它比较简略，要素不全，没有事物的全貌和全部过程，通常只是一个片段或概况。新闻线索为新闻采访报道提供有待证实、扩展和深化的讯息，为记者提示新闻的所在和新闻采访的走向。

新闻线索是新闻记者发掘新闻题材的一种凭据，也是新闻记者进行采访活动的出发点。新闻线索一般比较简略甚至一鳞半爪，但有经验的记者往往能由小见大、追根寻底，发掘出更重要的完整的新闻事实来。这就是说，新闻线索首先告诉记者哪里有新闻，新闻线索是一个简单又不完整的信号，需要记者去发现和挖掘，发现新闻线索要求记者有高度的新闻敏感。

（二）新闻线索的特点

新闻线索以千姿百态的形式存在于客观世界中，有的是相对完整的，有的是极其简单的，有的是散乱无章的，有的是根据明确的，有的是真假难辨的……但无论怎样，新闻线索是新闻的信号，记者必须抓住并很好地利用它，这就要求记者要很好地了解新闻线索的特点。

1. 新闻线索具有局限性

作为一种特殊信息，新闻线索有很大的局限性，它往往表现得简单、模糊、零散、不完整、不具体，而且只是新闻事实的一部分，需要记者依靠高度的新闻敏感，对新闻线索进行鉴别，从而确定采访的方向，再通过深入采访去进行扩展，努力从总体上和本质上把握事物的真实性，按照事物的本来面目进行反映，做到客观公正，从而凸显出线索的新闻价值。很多经验丰富的记者能见微知著，循着线索的苗头去发现重大的新闻。

2. 新闻线索具有实现性

新闻线索被形容为“六月里降下的雪花”，当它从眼前飘过时如果不能立即抓住，它就会消逝得无影无踪，可见，新闻线索不是稳固不变的。如果记者新闻嗅觉不灵，不能及时捕捉、抓紧采访，一条好的新闻就可能会从眼前溜走。因此，记者要做“有心人”，随时处于高度警觉的状态，用心、用脑去感受并捕捉新闻线索。

3. 新闻线索具有待辨性

新闻线索具有待辨性，因为它们是未经调查证实的，不能代表新闻事实，有的确实真实，有的不符合事实原貌，有的可能有价值，有的可能没有价值……可以说，新闻线索真伪难辨、价值难辨，需要记者进一步判别。

对于道听途说得到的新闻线索，记者要加以核实，通过目击者和知情人等进行调查了解，保证新闻报道准确真实。把新闻线索当作事实本身来写作，是极不负责的行为，还会产生极其有害的后果。

新闻线索作为直观的、感性的东西，只是事物的某些表象，远远不能反映事物的本质，这就要求记者对线索做一番处理，要进行考证，去伪存真；要合理安排，去粗取精。有的新闻线索，经过调查，能发掘出重大的新闻；有的新闻线索，虽然会被否定，但能引出其他新闻……

（三）新闻线索的作用

1. 激发记者的新闻敏感，使其产生采访的动机

新闻线索所发出的信号或者征兆，至少是一种简单的信息，这种信息正是记者的新闻敏感所捕捉的目标。如果没有线索发出的信息，也就没有触发新闻记者新闻敏感的外因。这样，记者对客观事物的新闻敏感也就无法产生。所以，新闻线索其实就是一种“触媒”。

2. 为记者的采访提示方向

线索是记者采访活动的向导，它为记者的采访引路，使记者迅速找到采访的目标。虽然记者在明确报道思想之后有了总的采访重点和方向，但是具体到哪个地方去寻找新闻，把什么问题作为采访的突破口仍然是个问题。记者只有靠线索引路去追寻新闻才会有具体的目标，从而能够有效地完成采访任务。

3. 为媒体的报道活动提供决策依据

每一次新闻报道都相当于一次“战役”，而要想在“战役”中取得胜利，就得依靠高质量的信息。好的新闻线索无疑是媒体报道决策最需要的信息。掌握的线索越多，意味着可供选择的采访方案就越多，记者活动的选择余地就越大，那么，决策就可谓达到了最优化。相反，可掌握的新闻线索越少，媒体做出高水准的报道决策的可能性就越小。当下新闻媒体之间的竞争，新闻线索的获得成为其中一个重要的因素。同时线索的价值可以决定报道质量，新闻线索显示哪里有新闻或可能有新闻，可以为记者的采访指明去向和目标，往往线索好，新闻就成功了一半，如果线索本身的意义不大，又没有什么新的发现，那么，记者在采访中无论怎么下功夫，也采不出有价值的新闻，如果手头的线索好，记者工作就会更主动，采访的成效就越大。

（四）新闻线索的获取渠道

记者要获得新闻线索，应该先了解线索的来源。总的来说，新闻线索来源于人们的社会实践。人民群众的社会实践，丰富多彩的社会生活，为我们的新闻报道提供了取之不尽、用之不竭的源泉。因此，到基层去，到群众中

去，到新闻的“源头”去，是记者发现和获得线索的根本途径。记者在平时的工作、生活中应该提高自己的新闻敏感，利用一切渠道来获取线索。正如南振中所说：“一个优秀的新闻记者，除了睡眠，随时随地都在留心各种各样的事情，随时随地都在发现新闻线索和新闻素材，也可以说，一个合格的新闻记者随时随地都在自觉或不自觉地进行着采访活动。”具体说来，新闻线索的来源主要有以下几个方面。

1. 受众提供——最广泛的新闻线索渠道

受众提供是一条获得新闻线索的广泛渠道。记者自身的活动范围和时间、精力毕竟是有限的，不可能及时、全面地获得所有的新闻线索，广大的受众群体就正好弥补了这方面的不足，所以，很多媒体都非常重视维护与受众群体的关系，重视与读者、观众、听众的信息交流。

对于受众提供这一渠道主要有“热线电话”“有偿征集”“新闻线人”三个方面。“热线电话”是受众向媒体提供新闻线索最原始、最主要的方式，随着热线电话的普遍开通，媒体竞争加剧，“有偿征集”便应运而生，随着热线电话、有偿征集的不断升温，受众新闻意识的增强，“新闻线人”也就产生了。

（1）热线电话

我国第一个正式开通24小时报料热线的是《羊城晚报》，其热线于1982年元旦开通。随后，全国各大报刊、电台、电视台争相效仿，时至今日，几乎每家媒体都开通了自己的热线电话。

这些热线电话使记者即使不出门也会有新闻线索，同时，使媒体的触角延伸到社会各个层面，这条渠道畅通了，新闻线索就会源源不断，编辑部就能变得耳聪目明，随时都可以得到受众提供的新闻线索。

最初，“热线”仅仅意味着热线电话，随着信息技术的发展，新的通信工具的不断出现，“热线”的外延扩大了，除了以热线电话为主外，还产生了电子邮件、手机、论坛等新媒体。

（2）有偿征集

媒体竞争日趋激烈的今天，各家媒体越来越离不开受众提供的新闻线索，媒体为了稳固新闻线索的提供人群，线索与金钱的交易也就在所难免了，越来越多的媒体通过经济报酬吸引广大受众踊跃提供新闻线索，“有偿征集”应运而生。

“有偿征集”新闻线索成为媒体的重要法宝，而且媒体购买新闻线索的现象愈演愈烈。在传统媒体开展新闻线索有偿征集的同时，许多新兴媒体，也纷纷进行有奖征集，还有的专门开辟了新闻线索的征集平台，如西祠胡同、华媒记者论坛、新华网等。这种专门的“报料”平台，为国内外几千家新闻媒体代理征集线索。

随着传媒行业竞争的加剧，有偿征集报酬节节攀升，越来越多的人被吸引到提供新闻线索的队伍中去，并且“英雄辈出”。金钱能够吸引受众提供新闻线索，这是不可否认的，但媒体有责任和义务去用社会良知、公众权利等启发、引导受众主动向传媒提供线索，或者用优质报道和传播效果吸引受众乐于向传媒提供线索，这种引导还能使受众线索多样化，不局限于“家长里短”的生活化内容，从而使受众提供更多涉及公众利益的社会新闻。

（3）新闻线人

在这里，我们所说的“新闻线人”是广义的，也就是能够提供新闻线索的联系人，这包括报料人（狭义的新闻线人）、通讯员、亲朋好友等。这些新闻线人，扩大了新闻线索的来源，已成为各种媒体发展中不可或缺的重要力量。

2. 记者发现——最主要的新闻线索渠道

受众提供的新闻线索是等来的新闻，寻找新闻线索不能完全依赖他人，否则记者的工作就会陷入被动。新闻线索主要还是靠记者自身去主动发现、寻找和挖掘。记者自主寻找新闻线索的路径主要有以下几种。

（1）直接获取

直接获取是指记者通过生活中的观察体验去发现新闻线索，能体现记者的新闻敏感度，是判断一名记者称职与否的重要标志。记者直接获取的新闻线索更加鲜活生动、真实可靠，角度奇特，独具魅力。

直接获取要求记者多接触生活和社会。确切地说，记者要多接触受众群感兴趣的生活层面和社会层面。处处留心皆新闻，记者在日常生活中，要用新闻敏感来过滤生活的每个细节，要从“能否出新闻”这个角度，多观察、多打听、多体验、多思考。注意留心观察和积累，就能从生活中直接获取新闻线索。很多有经验的记者，都会制作一个特殊的日历，标出重大节日、纪念日等，这些日子对记者来说，都是重要的新闻源。我们要记住清明、重阳、“三八”妇女节、“五四”青年节等各种日子，在它到来之前寻找相关的人、相关的事进行采访报道，就能形成新闻。

（2）其他媒体

这一方法主要是指记者从自己所属媒体之外的媒体进行新闻线索的寻找，例如，电子媒体记者可以从报纸信息中寻找线索，报纸媒体记者可以从广播、电视中寻找新闻线索，再重新进行采访，挖掘事实的新内容、新观点、新思想。毕竟“任何一种媒介都有自己的信息来源优势，媒介获取新闻线索的渠道不能局限于一个方面，应该形成一种资源共享与资源再利用的循环”。

可供记者寻找新闻线索的媒体有很多类型，除了广播、电视、报纸等常规媒体，一些工矿、学校、公司等单位的内刊、宣传海报、传单，甚至是新书刊、新电影、新戏剧以及各种广告等，都是新闻线索的藏身之处。

在此，我们特别强调“网络”这一媒体。互联网有着快捷、互动性强的优势，是寻找新闻线索最便捷的渠道。特别是对刚入行的年轻记者，认识人不多，对报道领域不熟悉，如果能够利用好互联网，“不知到哪里寻找新闻线索”的困难就能迎刃而解。聊天室、博客、微博和微信都可以成为记者的“阵地”，这里有网民关注的内容，有时事热点……这些都可能成为新闻线索，只要发现有值得去挖掘的信息，就可以展开采访。

3. 官方发布——最权威的新闻线索渠道

官方发布主要是指由各级党政机关、企事业单位、群众团体等机构的宣传部门主动公开信息所产生的新闻线索，一般以会议、各级领导的讲话、报告、批示、简报、通报、通知、通告以及各部门专家学者和专业人员的学术报告等形式存在。这类新闻线索全面集中，一般都具有较高的权威性和指导性，新闻价值突出，记者应主动地与党政机关、企事业单位、群众团体保持经常性的联系，以便及时得到新闻线索。

二、采访准备

（一）采访准备的必要性

新闻采访工作并不是单一固定的，而往往是复杂多变的。准备工作做得越充分，记者的采访就越主动。

1. 采访内容的复杂多变要求记者有广博的知识

一个人的认识必定有限，要想了解得更充分就不得不付出更多的劳动。尤其是采访自己不熟悉的重要事务，准备工作就尤其重要，也尤其辛苦。采访过诺贝尔奖获得者的哈里特·朱克曼副教授就曾经碰到过这个问题。她本人学的是社会学，但是采访对象却大多是理工科背景的学者，与被采访者之间的知识背景差异令她感到隔行如隔山。于是每次采访前她都仔细阅读采访对象的简历和著作情况，并且在后来的采访中尝试着恰当使用一些专业术语，使谈话既融洽又有深度。因此，采访自己感到不熟悉的内容，有广度又有深度的准备工作是必不可少的重要环节。

2. 采访工作本身要求对采访对象有所了解

孟子说："知人论世"。对采访对象进行采访，必须要对采访对象的背景有相当的了解。特别是对一些专家学者的访问，尤其需要做充分的准备，否则，就很难深入。比如徐迟在采访科学家周培源之前，就做了深入细致的资料察看和调查研究工作。所以，他虽然只和周培源谈了两个小时，但最后却很好地完成了他的报告文学作品。这就是一个好记者应当具备的基本功。

事实上，如果新闻记者能够对采访对象有更多的了解，不仅可以避免从头谈起，在有限的时间内获得尽可能多的有用信息，还可以从心理上拉近双方距离，保证采访工作顺利开展。最著名的例子之一莫过于费雯丽对一名记者的拒绝。费雯丽主演的《乱世佳人》公映之后，一名记者问费雯丽："请问你在《乱世佳人》中扮演什么角色？"这位影星轻蔑气愤地回答："我无意同你这样如此无知的人交谈。"所以如果在一开始就引起了采访对象的反感，就会使他们同记者的配合程度大打折扣，采访难以顺利进行甚至无法进行。

3. 采访的紧迫性要求记者必须提前准备

有些采访任务是一次性的、紧急的、专业性强的，采访准备对于采访成功就更具有决定性的意义。新闻采访的准备工作实际上在这些活动的筹备、预演阶段就开始了，这样才能保证新闻迅速传播。否则，等事件发生时再去采访，就没法保证现场直播或及时见报了。

4. 采访前准备能够应对采访中的变化

事物的变动性决定了就是对比较熟悉的事物进行采访，也仍然需要有所准备。俗话说计划赶不上变化，任何事物都处于不断变化之中，任何计划都不能保证在任何时刻下都适用。所以做好最充分的准备是应对突发事件的有效方式。即使是经验丰富的记者，采访自己比较熟悉的事物时，适当的准备也仍然十分必要。当然，此时采访准备的重点，不再是一些基础的东西，而主要在于它的深度和特点。

因此，一次成功的采访很大程度上取决于前期的策划和准备。选题是否具有独家性、资料信息是否准确、方案是否可行等问题都需要在采访前花费大量的时间与精力进行最周密充分的准备。只有这样，在采访过程中记者才能有备无患、有的放矢、有条不紊，从而提高工作效率。即使出现各种突发事件，也会因为之前做了大量的"家庭作业"，而容易排除干扰、克服困难，顺利完成采访任务。

（二）采访准备的类型

在说采访准备的类型前，我们先来纠正人们对采访准备认识的三个误区。一是只有延缓性新闻才需要采访准备，突发性新闻无须准备，若准备好再采访，事件就结束了。其实，采访准备不是只有采访前的临时性准备，平日里的学习和积累也是一种准备。二是只有资历浅、经验少的记者才需要采访准备，经验丰富的记者无须准备。每个人都有自己的知识"盲区"，无论什么样的记者，采访前都需要精心准备。三是只有采访重大题材和陌生领域的新闻才需要准备，一般性的新闻及熟悉领域的新闻无须准备，这无疑也是错误的，新闻事实如同树上的叶子，没有完全一样的，即使再平常、再熟悉的新闻也有其特殊之处，如果不准备就难免会陷入被动。

采访准备依据性质不同，可以分为平时准备和临时准备。在不同形式的准备中包含的内容也不尽相同。

1. 平时准备

从采访准备的角度讲，采访可分为两类：一类是正常采访，即在采访前有准备时间。记者大都很重视整个准备工作，在这个有限的时间里，想方设法把准备工作做得充分些、完备些。有经验的记者，甚至在第一个问题采访时，第二个问题和第三个问题的准备工作就穿插其间了，为后续问题的出现做好了铺垫。比如在 2005 年"超级女声"的报道中，一些报纸的记者从海选开始就关注每一位参赛选手，为今后的报道积累了大量的报道素材和参考资料。另一类是突击采访，即对一些急发新闻或突发性重大事件的采访，在采访前没有准备时间，记者必须闻风而动，迅速展开采访。例如，2005 年 1 月突发的印尼海啸、同年 10 月印尼巴厘岛发生的连环爆炸案、2008 年发生的汶川地震和 2013 年发生的雅安地震等。在这种情况下，采访是否成功，主要取决于平时记者对有关情况占有的优势和对采访突发事件的把握程度。平日的积累是非常重要和必要的。平时准备主要是做理论政策水平的提升、专业理论的学习和实践经验的积累、知识层面的拓展以及对生活细节的关注等方面的工作。这对于提高记者的思想修养、写作水平和新闻敏感度都有很大的帮助。也就是我们常说的"厚积薄发"中的"厚积"。这就要求记者坚持理论和政策学习，注重对各方面情况的了解和掌握，努力打好知识基础，加强专业技能训练。

（1）政策、理论的准备

要做好社会主义的新闻工作，新闻工作者就必须认真学习马列主义、毛泽东思想、邓小平理论、科学发展观和社会主义核心价值观，并运用它们去客观、正确地认识和反映世界，解决实际问题。只有这样，新闻记者才能准确深入地从事采访工作，写出深刻、透彻的新闻报道。作为一个新闻记者，除了熟悉党和政府的总体方针、长远政策外，对一个时期的现行政策，特别是自己分工负责报道的所在战线、行业的具体政策，更应学习、领会和掌握。否则，采访就没有依据，容易失去方向，宣传不好党和政府的方针政策，甚至可能采写出违反方针政策的报道，造成不良影响。

（2）理论和实践经验的准备

仅有政治上的理论水平还不够，记者还需要学习积累与新闻采访相关的理论知识，以理论指导实践，再从实践中汲取经验教训。理论学习对实践工作有指导和促进作用，能够令记者达到事半功倍的效果。所以，刻苦钻研专业理论知识，并将理论联系实际，不失为提高新闻业务能力的一条捷径。大凡在新闻传播领域取得了一定成就的人，都自觉进行了理论深造。比如美国“CBS 晚间新闻”节目主持人丹·拉瑟曾以独创的新闻报道形式，使该节目成为美国人常看的节目。但不久之后他感到自己的事业进入了瓶颈期，报道水平停滞不前。这时美国新闻界被公认为最有学识的约翰·钱塞勒就建议他到哈佛大学学习相关理论。果然，丹·拉瑟成功地突破了自己，先后成功完成了对萨达姆、美国总统大选等重要人物和事件的报道，在新闻传播事业上又向前迈进了一步。

优秀的记者必然是在新闻实践中成长的。只有那些善于从实践中不断总结经验教训并不断改正完善自我的记者，才能成为优秀的记者。无论是中国老一辈的新闻工作者如邹韬奋、范长江还是当下最著名的记者如白岩松、水均益等，都是经过了长期的实践才逐步成熟起来，最终成为优秀记者的。此外，技术层面的知识也很重要。在新闻传播技术飞速发展的今天，各种新的传播媒介和传播技术层出不穷，所以加强专业技能的学习和训练对于一名想成为优秀记者的新闻记者来说也变得越来越必要。

（3）知识面的拓展

除了本专业领域的知识储备以外，记者还应积累广博的知识。中外著名记者的实践证明，良好的知识素养对新闻采访的成功有时会起到决定性的作用。诚如周总理对埃德加·斯诺的称赞：他不仅是一位记者，更是一名历史学家。著名记者范长江也曾说：“新闻工作之所以可贵，是因为知识广博。”事实上，在日常的采访中随处都有供记者拓展知识面的机会。新闻采访不仅是记录的过程还是记者学习的过程。在某些专业领域的新闻采写，记者的学习能力和水平决定了读者对于新闻的理解程度。

（4）生活的关注

社会就是一所大学校。社会中每天发生的事情都有可能成为一个新闻事件，所以通过各种渠道了解各个方面的信息，尤其是当下社会的热点，是记者的基本任务。许多成功的新闻报道就是这样产生的。这些信息和情况既有完整的又有零碎，既有正面的又有反面的，既有国内的又有国际的……总之，只有做到“眼观六路、耳听八方”，切实了解广大群众关心的问题，掌握社会上的热点问题，把握、摸准社会的脉搏，才能使自己在采访工作中做到心中有数、应付自如。生活的积累对于采访而言也是巨大的财富。人是社会关系的总和，每一个人都不是孤立地生活在世界上的。新闻记者同样也是如此，他每天都会遇见各式各样的人，碰到各种各样的事。有些人或事可能看上去并不起眼，但是只要是个“有心人”，将生活中碰见的随机事件系统地整理、累积，在今后的新闻采访中也许就是很好的素材，更为重要的是，新闻也能在生活小事中诞生。《新华每日电讯》总编辑解国记的名篇《寻觅吵架的》即属此类。当时解国记孩子的老师布置了一篇作业，即在大街上观察人们吵架，观察其语言、动作并写一篇作文。孩子几天都碰不到吵架的，解国记就带着他去大街上、商场里、市场中找，一整天居然没有找到一个吵架的。所看到的都是繁华的市场、稳定的秩序。解国记敏感地觉得可以写一篇新闻。那时候是春节前夕，解国记就把寻觅吵架这一天整个的过程记录下来，发给了总社，结果第二天就刊登出来了。几年之后，新华出版社出版的《中外新闻特写名篇赏析》也将此篇收入。

总之，记者平时要经常了解、广泛搜集各种各样的信息。既要了解一个时期总的形势、总的动向，也要掌握当前出现的新情况、新问题。对于国际的政治、经济、文化、教育、人民生活等方面的重大情况，无论是历史的、现实的，完整的、点滴的，正面的、反面的，上面的、下面的，自己看到的、别人介绍的，都要注意了解、积累，这样就能使自己胸有全局，眼明心亮。同时，记者还要十分注意经常了解自己所分工联系的行业、部门或地区的情况及其动向和变化。这样，当这个领域出现新闻线索时，记者才可能一个不漏地抓住，并且采写出有一定深度的新闻报道。

2. 临时准备

如果说平时长期的积累为记者进行一次成功的采访奠定了坚实的基础，那么采访前的突击准备则是采访成功的重要保证。新闻记者每一次的采访活动由于采访目的各不相同，采访对象千差万别，采访计划多种多样，以及有些采访的突然性和偶然性，因此，针对每一次采访的特殊性所做的专题性的临时准备，就显示出其重要的意义。临时准备可以从以下几个方面做起：

（1）进一步明确采访目的与重点

采访目的是开展整个采访活动的归宿。一旦目标不明确，甚至错误，那么整个新闻采访活动无异于缘木求鱼。一般来说，新闻采访活动都应在事前确立好大概的采访目的。但这个目的又不是一成不变的，而应根据变动着的情况适当进行调整。记者在得到采访线索后，应当结合已有的一些原始资料，进一步明确采访目的。然后根据确定好的目的进行材料的补充和采访重点的选定，使整个采访过程做到有的放矢。

荣获第十四届中国新闻奖的电视作品《追踪矿难瞒报真相》就是目的性极强的一次采访活动。中央电视台《焦点访谈》记者曲长缨等采访制作了揭露山西省临汾市尧都区阳泉沟煤矿发生特重大矿难后瞒报死亡人数的节目，震动了山西省临汾市安全生产监督管理局和国家安全生产监督管理局。2002年12月上旬以来，《焦点访谈》不断接到观众来电，反映2002年12月2日上午，山西省临汾市尧都区的阳泉沟煤矿发生了一起很严重的瓦斯爆炸。事故发生后，当地一些人没有如实向社会公布死亡人数，当地既不让新闻单位介入，又不让死者家属相互接触，其中也许存在严重的瞒报。记者赶到当地，果然，矿主向记者公布的死亡人数是8人。心存质疑，记者四处走访打探，所有的采访目的只有一个——第9个遇难者的名字。经过不懈的努力，这个采访目的终于实现，一起瞒报的矿难事故真相被揭示了出来，还引发了国家安全生产管理体系的改革。

（2）全面了解与采访任务有关的背景材料

有的背景材料，也许在报道中一个字也用不上，但对于记者深入采访，分析和研究报道的材料、角度和主题，权衡报道价值等，具有重要作用。

有的背景材料和新闻主题直接相关，是新闻中的重要组成部分，更应当积极地收集。例如，对于2004年中国羽毛球队重捧汤姆斯杯的采访，事前就可以广泛搜集中国羽毛球队在各项国际比赛中的材料、汤姆斯杯的来历背景，以及中国羽毛球队的渊源等。这些资料，有的用于报道，可以起到绿叶扶红花的作用，同时，也有助于在采写过程中对中国羽毛球队的成绩做出准确的评价。这样做无论对报道还是对采访对象，显然都是有益的。

总之，得到采访线索之后，不要匆匆忙忙在一无所知的情况下，跑去“撞新闻”，应当利用采访前的一段时间悉心了解和掌握新闻事件的主要概况资料，深入挖掘反映事物本质的细节资料，及时加工和整理所搜集的资料。这些都是临时准备的几个不可少的步骤。

记者在搜集背景资料的时候，还应当注意寻找并分析一下新闻传媒有没有过类似这方面的报道。如果已经有了，要弄清楚它是怎样报道的，还有哪些问题没有涉及或值得深入挖掘。知己知彼才能更好地确定自己的报道角度和重点，避免在报道中与别人“撞车”、重复，采写出有新意、有特点的新闻。尤其是采访那些知名人物、已经多次报道过的单位或事件，如高考、国庆庆祝活动等。

（3）了解和搜集采访对象的基本情况

采访对象确定之后，就要利用各种条件，了解和搜集与采访对象有关的情况和资料。至于要熟悉、研究哪些内容，到什么程度，则要具体根据不同的采访目的和不同的采访对象来决定。这些情况搜集得越详细越具体，对采访活动就越有利，采访活动就会更主动。如果这些材料本身就混乱不清，甚至互相矛盾，就要特别注意，以便在以后的采访中，通过调查研究加以澄清。

一般说来，要注意熟悉和研究与采访对象有关的背景材料。背景材料有直接的和间接的两种。直接的背景材料，就是跟采访对象有关的历史和现实材料。记者要跑一跑有关部门，看一看有关的材料或资料。到一个地区去采访，除了看有关的报道或资料外，还要了解这个地区的历史、地理、经济、自然状况。到少数民族地区采访要了解少数民族的风俗习惯，还应尽量多学几句当地的日常用语。采访一个人，则要了解一下对方的经历、性格、爱好、生活状况以及对方的人际关系等。间接的背景材料，就是用来和采访对象做比较与研究的材料，包括有关的社会情况、类似的单位和地区的情况等。

如果是限定时间的采访，比如采访党政领导干部、社会名流等，就应事先搜集采访所需要的各种材料，并且下一番功夫研究这些资料，以取得与对方交谈的“对等资格”。到正式采访时，记者就可以把握住要点，提出简明扼要、很有特点、令对方非答不可的问题。这样采访的结果，双方往往都会感到满意。比如曹禺就曾大赞一名采访过他的《纽约时报》的记者。他说：“他只很有目的地提了几个问题。过后，报纸上先后发表了三篇文章。文章里谈了许多我意想不到的事，而且事实没有出入，材料准确无误。不难看出，他在采访之前是做了很多研究工作，看了不少书籍和资料的。”

了解和搜集采访对象的情况和资料的渠道有很多。首先，要充分利用网络、图书馆、资料室的资源，查看有关书籍、剪报、期刊、资料。其次，可以从记者平时积累的资料库中挖掘。穆青同志说过，外国记者每人都有自己的“小仓库”，一旦什么事情发生，背景材料马上就出来了。再次，到有关部门了解，这是获取官方或权威信息的重要途径。总之，要对采访对象有尽可能多的了解。

（4）专业知识的准备

对于一些专业性很强的采访对象，记者在采访前就必须从书本和实践两个方面，千方百计熟悉对方所从事职业的基本知识，以获得较多的共同语言。否则，很难取得对方的配合，采访也就很难达到预期的目的。解决这个问题的唯一办法，就是要善问好学。新闻界的老前辈顾执中英语水平很高，即使这样，在环球旅行时他仍旧感到只会一种外语的不足。于是，他学习了多门外语，这种刻苦的学习精神值得我们学习。

如果采访对象的专业性、技术性很强，采访的目的又是报道对方工作方面的成就，记者就要下决心学习有关的专业、技术知识，了解国内外在这方面的发展状况，了解对方的主要成就和工作的意义。要不然，对方讲的记者听不懂，记者自己又提不出有分量的问题，谈起来也就不会有什么共同语言了。

（5）制订详细可行的采访计划

所谓采访计划，是指新闻采访所采取的大致活动方式的设计与规划，主要包括制订采访的目的和要求、采访的指导思想、采访范围和对象、采访的角度和时机、采访的程序、提问的内容与方式以及可能遇到的问题与应急措施，等等。采访计划的形式可以多种多样，有时可制订综合的采访计划，对采访工作进行全面的安排。

采访计划是根据具体的采访任务来制订的，任务不同则计划也不同。一般来讲，非事件性新闻的采访、大型的战役性报道的采访等，一定要有周密的、具体的采访计划。特别是那些参与采写的记者多、稿件数量特别多、质量要求高，而且时间非常紧的重大报道。比如香港、澳门的回归活动，国家庆典活动等。记者应充分发挥积极性、主动性和创造性，制订出较为翔实的采访计划。其中应包括报道的目的和要求，需要采写的稿件的主要内容，需要采访的对象、时间和地点，截稿的大致时间，采访时的主要步骤和方法等。除此之外，还需要做好新闻部门和采访单位之间的协调工作，以便在采访过程中做到相互配合，从而顺利地共同完成已定的采访报道任务。而对于那些小型的、动态性的、事件性的、非重点的采访，虽然不必做周密的计划，但也应该尽可能地列出切实可行的采访提纲，以便在采访过程中有备无患、灵活应变。

周密的采访计划，可以优化新闻资源的配置和利用，产生最佳的新闻传播效果；可以使记者在采访过程中处于主动、有利的地位；可以使记者自如地控制采访局面，去抓那些重点问题和具体问题；可以使记者在采访过程中审时度势、从容不迫，取得满意的采访效果。特别是对于初出茅庐的新闻工作者和在对采访对象的基本情况不甚熟悉的情况下，制订周密的采访活动方案和调查提纲，显得尤为重要。但是，在实际采访中往往计划赶不上变化，此时记者切忌被预订的计划束缚手脚，需要随机应变，不可过于呆板。

（6）做好采访事务方面的准备

采访事务性的准备工作，主要是指在采访之前记者所要准备的关于技术设备和采访所需要的物品等。例如，电视摄像记者的拍摄设备是否完好，文字记者的纸笔是否备好，需要录音的磁带、电池是否充足，甚至要考虑到去偏远地区采访时应准备的交通工具及一些必要的生活用品等。这些事情看起来细小、琐碎，但切不可忽视。否则一旦有意外情况发生，不但会耽误难得的采访时机，而且会大大影响采访者的情绪。因此，一定要学会从小事做起，排除一切后顾之忧，切忌因小失大。

三、预约采访

做好以上的准备工作，接着就要预约采访了。预约采访也是有讲究的，需要做好以下几个方面：

第一，只要截稿时间不紧张，就打电话或者发电子邮件预约采访。这是针对非突发事件而言的，预约采访表明记者对采访对象的尊重和诚意，有利于使对方消除隔阂与戒备心理，并给双方赢得采访准备的时间。

第二，确认对方，自报家门。表明记者身份，并告知记者工作的新闻机构名称。告知此次采访报道的用途，尤其要告知对方此次报道是否将在媒体上发表。

第三，确定合适的采访时间和地点。在规定的截稿时间内，记者应主动亲近采访对象，考虑其是否方便，确定采访的时间和地点。正式采访时，记者一定不要迟到，一般要提前 5～10 分钟到达。

第四，告诉采访对象大致需要的采访信息和采访时长。不需要告知具体的问题，但至少应告之你要写关于哪方面的报道，围绕该方面咨询哪几个问题。若对方有特定要求，可以给对方发送采访内容大纲。告知对方采访时长也很重要，因为新闻人物一般比较忙，如对方只能给很短的几分钟采访时间，记者也要答应，因为只要征得了采访机会，一旦采访开始，只要采访顺利进行，通常都会超过预定的时间。

总之，采访前的准备工作做得越充分，采访成功的把握就越大，采访起来也就越得心应手。当然，采访一个突发事件，或者写一则现场短新闻，有时候难以做充分的资料准备，就只能调动自己平常的积累，因势利导，去完成采访任务。但对于重大典型题材的新闻采访，就必须认真做好上述准备。

第二节 新闻采访的方式

新闻采访的方法方式，是指记者为完成采集新闻的任务所采取的手段及其表现出来的形式。方法方式是不能截然分开的，一定的手段总表现为一定的形式，而一定的形式总是某种手段所特有的，两者是统一的。采访的方式方法运用得得当与否，直接影响到采访的效率和质量。

记者的采访活动，由于采访对象不同，采访场合不同，采访条件不同，采访目的不同，记者个人的主观条件和风格习惯也各不一样，尤其是客观事物瞬息万变，记者的采访就没有固定的格式。这种无常式的特点要求记者要具备随机应变的能力，每一次采访都要因人、因事、因时、因地，选择最适合自己开展工作的方式方法。记者采访常用的方式方法有十几种。一个有经验的记者，要练就在任何情况下都善于采访的本领，能熟练运用各种方式方法。当然做到这一点，需要在长期的采访实践中积累和提高。

1. 个别访问

个别访问是最传统、最基本的采访方式之一。个别访问要求记者必须深入现场，接触被采访对象，从而获得更多的第一手采访资料。无论是重要的新闻人物，还是普通的当事人，口头采访的适用面非常广泛，越是重大事件、重大新闻应用得就越多。这种新闻采访形式谈得具体，谈得深入，记者容易把握主动权，实施起来也比较简便。

个别访问需要记者做好充分的采访准备，只有对新闻事实和采访对象有一定的了解，才能在采访中抓住重点，游刃有余。突发新闻的采访需要随机应变的反应能力，这个时候根本来不及准备，考验的是记者的临场发挥。

个别采访的优点在于：采访方式十分灵活方便，只要被采访对象合作，随时随地可以进行采访，时间上也可长可短，比较自由；如果一次采访不成功，还可以进行重复采访或补充采访；如果在时间紧急的情况下，一时找不到某知情人，还可以设法采访另一个知情人；记者还可以根据采访的需要和可能，与被采访对象建立经常性的联系，甚至与他同住一段时间，以便随时随地观察、了解被采访对象，掌握比较生动、具体的材料；个别采访可以在没有第三者参加的情况下展开，能敞得开、谈得细；记者如果能获得对方的信任，谈话就能够比较深入，因而个别采访又是发现独家新闻的重要手段之一。个别采访的难点在于：要能抓住关键和要害问题。这就要求记者必须在掌握大量材料的基础上进行分析和判断，采访的准备工作要做足。

2. 座谈采访

座谈采访也是传统的采访方式之一，又称调查会，是一种常见的集体访问形式，对于情况错综复杂、矛盾众多的问题，该方式可以使各方面人士从不同角度、不同层次发表看法和意见，有利于记者把握全局，弄清事实真相。

记者就某个专题邀集有关人员座谈，可以在短时间内了解到事情的来龙去脉，被邀人员也可以在比较轻松的气氛下畅所欲言、互相补充、验证材料。一般涉及面较广的问题，往往采取这种采访形式。

3. 现场采访

现场采访是记者亲临新闻事件发生的现场，通过观察获得新闻素材的采访方式。个别采访主要是通过口头提问进行的，而现场采访则主要通过眼睛来采访。在一些特殊的场合下，现场采访成了唯一可行的采访手段。

现场采访的好处在于：可以抓住具体的细节、生动的场景、现场的气氛、人物的表情，可以听到精彩的、富有个性的语言和声音，从而使新闻报道做到如临其境、如见其人、如闻其声；可以发现大量的第一手材料，使新闻报道真实可信，现场采访还可辨别真伪，防止被人愚弄导致新闻失真；现场采访可以培养记者扎实、严谨、深入的作风，克服新闻“假、大、空”的弊病，使新闻报道的内容和形式更加贴近生活、贴近群众，为受众喜闻乐见。

4. 蹲点采访

蹲点采访，是记者选择某一地点，针对某个重大题材而进行的较长时间的定点采访。这种采访不是三五天就能完成的，往往需要十天半月乃至更长的时间才能完成，要求记者和被采访对象“泡”在一起，同吃住，同劳动，以便随时随进行观察，掌握大量的、生动的第一手材料。这种采访往往是为进行连续报道、典型报道、深度报道，写作长篇通讯及报告文学而进行的。蹲点采访也是记者深入基层、深入生活、培养社会活动能力、改进采访作风的有效方法。

5. 参加会议

会议有下列几种：全国或省、市、县的人大、政协会议；党政领导机构的工作会议、一些机构所举行的新闻发布会、记者招待会；国际性的各种会议等。会议往往是重要信息的汇聚地，重要的会议，本身就是新闻。

6. 电话采访

电话采访是口头采访方式的一种演变，即记者通过打电话的方法，找到被采访对象，了解所需要的新闻材料，这是一种快速简捷的采访形式。电话采访往往用于以下几种情况：

①核对事实、征询意见、补充情况等，主要作为采访活动的辅助手段，这是大多数新闻学者普遍认同的做法。新闻界对整篇稿件的采访全部依赖电话来进行，大都持有怀疑的态度。但是这种看法不能绝对化，因为在某些特殊情况下，电话采访可能是唯一可行的采访手段。

②一些简单事情的采访。如事实清楚、过程简单，只需了解几个基本的新闻要素，即可写成简讯发表。尤其是对方是“老友”，记者以前就采访过多次，互相之间比较熟悉和了解，能认定对方可以提供真实准确的材料，这种情况可依靠电话来采访。

③和被采访对象空间距离太远，由于采访时限性的要求，记者只能用电话跟对方交谈，确保新闻报道的迅速及时。

④在某些特殊场合下，记者一时无法挤进现场，用电话可以强行突破时率限制，迅速接近难采访到的人。

7. 网上采访

互联网的兴起催生了网上采访的方式，记者通过互联网这个媒介获得新闻，分为网上书面采访和网上即时采访两种。网上即时采访类似电话采访，只是所采取的媒介不同。网上采访具有便捷性、即时性等特征。

8. 突击采访

突击采访就是对那些没有预兆、突发的重大事件的采访。像车祸、沉船、空难、火灾、水灾、爆炸、地震以及重大的刑事犯罪案件等，都属于突发性事件。

报道任务紧急，时间有限，这在新闻采访活动中是常见的。假如记者不善于运用突击采访的方式，缓慢拖拉，待到事过境迁，新闻变成旧闻，报道就失去了价值。战机一旦延误，记者就再也无法完成任务。突发性事件的表现各不一样，差异很大，记者采访没有固定的“套路”，总的要求可用 16 个字来概括：“行动迅速、随机应变、忙而不乱、倚马可待。”

9. 隐性采访

隐性采访，俗称暗访，指的是在不暴露记者身份的情况下，通过观察、交谈、录音录像等方式获得新闻。对于一些重大的灾难事故和社会阴暗面，各种类型的批评性报道、大型的调查性报道，都适合使用隐性采访。隐性采访中多采用针孔摄像机、微型录音机等设备，记者在不暴露身份的情况下，更容易挖掘到具有重大新闻价值的新闻。由于隐性采访多涉及采访对象不愿意曝光的事情，所以操作起来有很大的危险性，记者要具备一定的扮演各种角色的能力，同时要采取必要的保护措施。记者在以下情况下要使用隐性采访：

①进单位对先进人物进行检验性采访。为防止对方“装饰打扮”，好上加“好”，采用隐性采访，得到的材料更真实可信，有说服力。

②采访那些不善于、不愿意与记者打交道，或不愿意谈自己情况的人，运用隐性采访的方式，可以消除对方的紧张心理。有些被采访对象天生内向、讷言，见了记者就感到紧张，说不出话来；有些先进人物由于谦虚或者担心新闻报道会影响他的生活，不愿意接受记者的采访。假如记者不公开身份，往往就能在对方不知不觉的状态中，在轻松自如的漫谈中获取新闻材料。

③揭露性或批评性的报道，为了防止对方弄虚作假，把事情或问题搞个水落石出，必要时也可使用隐性采访。

④记者深入到敌军、敌对分子或不法分子之中，为提防被采访对象对记者造成危害，只能采取隐性采访。否则，一旦暴露记者身份，采访任务将无法完成。

⑤为了全面透彻地了解某种社会现象、某种社会弊病，记者混入其中成为暂时的一员，亲自体验，获得大量的第一手材料和生动的感受。这同样也是要通过隐性采访才能做到。

10. 迂回采访

迂回采访指先从报道对象的周围或侧面了解其人或其事的有关情况，然后再找本人或本单位落实、补充。这种采访方式，类似军事上的“迂回包抄”战术。以下几种情况适宜采用此法。

一是采访对象特别繁忙，一时抽不出时间接待记者，可是报道任务又不允许拖延；二是采访对象绝口不谈自己的情况；三是单位所谈情况掺有水分；四是关键人物三缄其口或避而不见。

采用此法，记者要有知难而进、百折不回的精神；对得来的材料要多方核实、查对、验证，不可因“迂回”而轻信道听途说，把未经证实的材料“捅”出去，造成报道失实，引起不必要的麻烦和误会。

11. 集体采访

集体采访是一家新闻单位两名以上的记者或两家以上新闻单位的多名记者对某人、某事、某单位的共同采访。这种采访根据情况的不同，可以发通稿，可以合作写稿，也可以根据各自的需要各自发稿。根据我国新闻界的实际情况，集体采访有以下几种类型：

（1）合成采访

合成采访也称战役性采访，指一家新闻单位派出多名记者组成记者组（团），围绕某个问题或事件分头采访。这种采访往往有统一的指挥和分工。记者采访所得的材料，供本单位写综合稿或者组成一个专版或专栏。例如，对全国人民代表大会、中国共产党全国代表大会、奥运会、全运会等的报道，报道量大，多采用战役性采访。另外，就某一重大社会问题和事件，在编辑部的统一指挥和调度下，多名记者，分别从不同角度，或对不同组成部分进行分进合击式的采访，也属于战役性采访。这种采访投入的人力多，比较费时，但能够从多侧面揭示报道的事物，社会影响比较大。

（2）联合采访

联合采访是大型采访活动中的一种协同作战方式，指多家新闻单位联合组成一个记者组，围绕着某一重大问题或事件分头进行采访。属于全面情况的，往往采取发通稿的形式，其余的则可以根据各自的分工，选择分别发稿。联合采访有利于发挥新闻单位的群体优势，形成合力，造成较大的报道声势和产生较大的社会影响。

（3）新闻发布会

新闻发布会也称为记者招待会，是新闻发布者在同一场合、同一时间受多家新闻单位的记者采访的方式。一般来说，新闻发布会常常是先由新闻发布者介绍某一情况，新闻发布者用口头或发放书面材料的形式宣布某些事情，然后在有限的时间里让记者们提问，由新闻发布者来解答。这种活动，发不发新闻，如何发新闻，由各个新闻单位自己决定。在记者招待会上，对会场形势的控制一般掌握在新闻发布者手中，因而记者比较难以从群起提问的表层向深处挖掘。特别是到场的记者越多，每个记者提问的机会就越少。因而，要获得独家新闻或者深入的材料，记者往往需要在会上发现问题后再进行个别访问，进行补充采访。

（4）全景采访

全景采访是指一家新闻单位分布在不同地方的多位记者对同一事件的各种活动和反应同时进行采访。随着现代通信技术的高度发达，近年来这种方式普遍被在各地设有分支机构的新闻单位使用。某一重大的新闻事件发生之后，不同地方的记者对所驻地区此事件引发的各种行动和各界反应，同时进行采访，传回总部后由总部处理，组成一个内容互相补充的“新闻拼盘”，从而给读者以全景全貌，让其同时了解到全国乃至世界各地的情况。

（5）现场会采访

现场会采访是指不同新闻单位的记者同时来到某一现场，对某个事件进行采访。这种采访，记者一般各自展开活动，根据各自的要求和需要发稿。

12. 交叉采访

交叉采访是指记者在一段时间里同时对两条以上的新闻线索进行采访的活动方式。新闻记者由于工作的特点，联系面比较广，跑的单位多，有时候在同一段时间里会发现多条值得采访的新闻线索。交叉采访要求记者在采访一条新闻线索的间隙里，穿插进行第二条、第三条线索的采访。这种采访的特点是时间紧凑、头绪复杂、发稿量大。

交叉采访是一种记者充分、合理地安排时间，四面出击，多出新闻、快出新闻的有效方法，它特别适用于大型运动会和重要会议的采访。在同一段时间里有多项体育比赛进行或者有多项活动开展，而新闻单位特派出去采访的人手又少，这时就要求记者要眼观六路、耳听八方，充分运用交叉采访，有条不紊地进行采访工作。记者要有较好的统筹时间、处理问题的能力，要善于“弹钢琴”，不能互相冲突，耽误新闻的时效性；另外，要讲究交叉的艺术，分清轻重缓急，有主有次、有先有后，不漏发、迟发重大新闻。

13. 立体采访

立体采访也称为全方位采访，是指记者围绕着某事物展开多角度、多侧面的采访。这种采访突破了一点一线一个平面的采访模式，对事物进行上下、左右、古今、前后等多方面的挖掘，从中互相参照印证，寻根究底，能比较全面、深刻、准确地反映某一复杂的社会现象，提出具有建设性的意见和看法来。这种方法常用于重大题材的采访。

立体采访常常表现为以下几种方法的综合运用：

（1）上下结合

既要采访上级领导机关，又要采访基层群众。采访上层领导机关，可以使记者站得高、看得远，判断具体事物在全局中的地位；采访基层单位和群众，能使记者看得清、看得细，发现上层领导机关的工作安排在实行中的问题。

（2）点面结合

既采访事件的当事人，又采访知情人、现场旁观者；既进行个别访问，又召开座谈会，广泛听取各方意见。

（3）今昔结合

既采访事物的现状，又采访事物的过去、发生的历史及背景。例如，记者想报道“美的”集团，孤立地报道它今天作为中国最大的乡镇企业之一的巨大成就，新闻主题难以表现。而如果联系“美的”的前身只是生产队的一间小五金塑料厂，通过前后对比，新闻主题就得到了很好的凸显。

（4）横向采访

既采访本单位人员，又采访外单位人员；既采访旁观者，又采访当事人；既采访专业人员，又采访不同岗位、不同职业的人员。这样左右延伸，能够了解各方面有代表性的人物对同一事件的不同看法，报道能做到比较客观、全面、真实，可以避免以偏概全。

（5）纵横结合

了解客观事物自身发生、发展的历史，同时研究事物内部部分与部分之间的相互联系，以及该事物与其他事物的外在联系，在纵横交错的坐标里探寻事物发展的规律，了解事实的真相。

（6）多面发掘

采访复杂的新闻事件及有争议的问题，记者往往要进行正面、反面、侧面的多面挖掘，以求得全面、准确的回答。一般来说，正面就是赞成的一方，反面就是反对的一方，而侧面是比较超然的第三者、旁观者。记者通过多方面的挖掘，能够立体地反映现实生活中各种观念、各种力量、各种矛盾的碰撞、制约及转化的情况，给读者以完整的印象。

14. 体验式采访

体验式采访是记者为了获得事实，完成某一特定采访任务而采取的非常规采访，要求记者以参与者的身份介入事件过程中，其类型主要包括以下几种：

（1）观察式

观察式采访是指记者以观察者的身份，出现在事件现场或实际生活中，用自己的眼光观察一切，不动声色地拍摄采制新闻事件的发展过程，记者本身并没有加入事件当中。

（2）验证式

所谓验证指的就是经过检验得到证实。一般来说，新闻采访的验证先是有人投诉，要求媒体曝光，后由记者通过采访去验证爆料人提供的新闻线索确凿与否。

（3）参与式

所谓参与体验，是指记者通过参与事件，发现新闻、获得体验。与观察式、验证式的采访不同，在参与式采访过程中，记者身份是公开的，既是记者又是参与者。

第三节 新闻采访的技巧

新闻能够沟通大众、连接社会，靠的就是记者在采访过程中与社会发生的交往，这种采访过程中的交往主要是记者和被采访者通过语言交流来实现的，语言的技巧和风格直接决定采访的进程，语言交流、沟通的效果直接影响着采访的成功与否。因此，掌握一定的语言技巧是完成新闻采访的关键保障。

一、新闻采访的语言艺术

（一）新闻采访的语言要求

记者要写出一篇好的作品，不仅需要占有一定的手头资料和素材，还需要向相关部门、行业及关联人员了解信息，获取自己没有亲身经历和准确掌握的新闻事实与知识。而要了解就避免不了与人交谈。可以说，在日常采访中，大部分的信息来自记者与采访对象之间的语言交流。一名美国记者认为：一个记者确实能够从个人的观察中、会议中或者讲话中看到、听到一些消息，但是 75% 的信息、观点、事实来自同别人的交谈。语言交流影响着记者和被采访者之间熟悉的程度，也影响着获得新闻素材的质量。因此，在采访中要注意对语言的基本要求。

1. 语言要恰当得体、因宜适变

恰当得体的语言是记者接近采访对象的第一招。记者采访的对象上至国家领导人和政坛领袖，下至乡野村夫和都市小贩，包含工、商、学、法和男、女、老、幼等各色人群，他们的个性特征、受教育程度、生活状态、思维方式和价值信仰等千差万别。要与他们“搭上话”并完成采访任务，就需要选择恰当的语言“搭话”，努力寻找沟通双方感情的语言触发点，在交谈中运用合情、合境的语词、句式以寻求语言和情感的交合融汇点。这就需要针对不同的对象采用不同的语言，给对方留下良好的第一印象和可信赖感，这样才有助于获取质量兼备的新闻素材和信息。

2. 语言要自然简练、松弛有度

新闻具有时效性，这种时效性在采访中就体现为采访内容的精简，即采访过程简短，采访语言精练。在取得采访对象的接纳、获得采访时机时，记者就要快速进入采访状态，运用精练的语言表达出要采访的目的，让对方快速明白采访的主题所在。这就要求采访的语言要简洁明了，便于采访对象的理解和回应。随着采访的深入，有的问题可能会涉及采访对象想极力掩饰的方面，这时就需要记者控制采访的节奏，适当地改变语速、语气以及词语的表达。

3. 语言要有礼有力、情理交融

就过程而言，采访在某种程度上并不是一个自愿平等的交流活动，而是被采访对象在采访者的启发、请求和引导下被动接受采访的过程，二者是主动与被动、问与答的关系。因此在采访中，语言表达要透露出尊敬谦和、平等友善，而不能显示出居高临下、颐指气使的霸气。当然尊谦礼貌并不是要表现出唯唯诺诺，而是要做到既礼貌待人又不卑不亢，既真诚赞扬又不流于奉承。不能因为对方是风云人物就感觉低人一等，更不能因为对方是流浪乞丐就自以为高高在上。同时，采访要充满热情，语言要充满感情，富有理性。充满感情才能打动对方，思维缜密才能有效组织语言以引导对方，让被采访者感到合情合理而愿意说、认真说，说得真、说得准。

（二）新闻采访的提问艺术

记者与采访对象的谈话交流，多是通过提问和回答的方式进行的。所谓问，就是记者在采访中的提问，就是记者通过向被采访者提出问题，了解相关的新闻事实及其观点。那么，怎样找到好的话头，以恰当的方式提问，就成为新闻记者口头采访需要解决的首要问题。一位普利策奖得主曾说："人是没有能力保守秘密的，而提问则是获得秘密的钥匙。"一个熟练的记者常常由于提问巧妙得当，赢得了采访对象的信赖和配合，从而获得了丰富、可靠的事实及材料。而一个缺乏经验的记者，尽管采访前也做了大量的准备，但由于没有掌握灵活的提问技巧，提问不当，让采访对象感到为难、尴尬，甚至是不快，结果弄僵了谈话的气氛。可见，采访过程中提问水平的高低，直接决定了采访活动的成败。

提问是一门艺术，是检验记者逻辑思维、应变能力以及口头表达能力的标准，要达到良好的提问效果，就要讲究提问的技巧。

1. 提问要选时机，问对人

记者提问时，要把握好问话的时机。所谓时机，在这里主要有两层意思：一是要选准时间，把握好提问的时间；二是要问对人，问该问的人，问可问的人。把握好提问的时机，就是要权衡问话的时机，该不该问，什么时候问，在什么场合问，问什么。时机往往关系到活动气氛、参与者情绪等，因而选择不同的时机提问收到的效果也不一样。《论语·宪问》中所说的“时然后言，人不厌其言”，说的就是运用语言一定要把握时机，掌握“火候”。由于采访的环境、对象的情绪等多种因素的影响，记者在新闻采访过程中，只有切合时机地提问，才能收到“一语胜千言”的效果。倘若要采访一个非常专业的计算机问题，而被采访者是一个正急匆匆地赶火车的科学家，如果你在车站门口拦路咨询他所研究的银河计算机的有关情况，显然就不合时机。

记者提问的对象应是对所要采访事件有所了解的人，具有发言权的人，即知情人。如果回答者本人对所问事件不了解，不是事件的亲历者，不是事务的组织者，也就难以给出满意的、确切的回答，即便有所回答，也无法保证回答的真实性、权威性和客观性。例如，有一个学生在报社实习期间，要采访一个会议。由于缺乏访问经验，该实习生到会场后并没有向会议的主持人或秘书组织人员了解会议情况，而是向一个会议的参加者了解情况，结果这个参加者把自己所了解的不确定的消息传递给了这个实习生，导致短短的一条新闻中出现了三个错误，连会议的名称也搞错了。出错的原因显然在于选错了提问对象。因此，提问对象务必应该是事件的当事人、知情人。

2. 提问要抓关键，问具体

记者的提问，既要围绕访问目标，抓住问题关键所在，避免开“无轨电车”；又要把问题具体化，问有价值的问题，防止被采访者无所适从。

所谓关键，在于记者采访前应明白采访的目的，即想要通过采访搜集到什么样的材料，弄清采访的主题的关键所在。这就要求记者在采访前，首先要明确自己采访的目标，要确定一个采访的主题，这样在同采访对象交谈的时候才能有的放矢，而不至于漫无边际。在采访交谈的过程中，同样需要适时地转换谈话内容的方向和重点，密切地围绕着既定的采访主题来进行，这样方能使提问在切题的前提下不断深入。

抓关键意味着要把提问的问题明确化、具体化，会问问题。有些问题看似抓住了关键，但由于过于笼统，显得大而不当，或空泛无着，被采访者要么难以把握，不知从何说起，要么也笼统回应，没有实质内容。中央电视台主持人敬一丹有一次到石家庄签名售书，活动完毕后接受记者采访。一记者问：“你如何看待中国目前的新闻舆论监督作用，你怎样处理生活和事业的关系？”敬一丹听后回应说：“你的问题太大了，恐怕我回答不了。”结果好不容易获得的提问机会就此溜走。

3. 提问要用心思，讲策略

提问题，要花费心思，讲究策略，因人因事因具体情况而异，掌握好提问策略。因人而问，针对不同的采访对象，采取不同的方式提问。对善谈的人，可“单刀直入”，对于不习惯谈话的人则需要启发诱导。对方神情紧张的时候，就要设法缓和气氛；对方有难言之处，就要注意设身处地给予疏导，等等。一些采访对象平日里滔滔不绝，而一旦面对记者的话筒就变得吞吞吐吐，有时对记者的提问表现得茫然不知所措。这个时候，记者不要以为采访对象不配合、不合作，而应该摆出一个内紧外松的态势，即思想、心理活动仍积极进行，外部神态自然轻松，然后发挥“磨功”，与采访对象“闲泡”，力争做到：他紧张你轻松、他冷淡你热情，他言者无意你听者有心，抓住机会，一举突破。例如，一位记者曾采访一位高速交警大队的队长请他谈谈被评为先进工作者的感想，他推辞说：“其实没什么，都是我应该做的。”之后，在记者的一再鼓励下，他还是打不开话匣子。后来记者了解到他上大学的女儿曾写信多次说明他的几大“罪状”，记者从这里找到突破口，从他的家庭谈起，谈到过去、现在、未来，这位队长独到的管理方法和领导艺术不断从他的言谈话语中流露出来。而在采访学者、艺术家时，因为他们有较高的知识和文化，而且非常珍惜自己时间，在采访前应尽可能了解相关知识，避免提问得词不达意，使其理解得模棱两可，还要把问题精简，尽量缩短采访时间。不然在采访时，你问得很外行，人家谈的你不懂，一个问题占用了相当长的时间，就会破坏被采访者的积极性，影响采访质量。

实际上采访并无定法，采访中究竟采用哪种方法最恰当，需要记者根据具体的采访对象和采访情况加以选择。记者在提问时，要考虑各种问题的可能的发问效果，要具体对待，这才是问题的关键。作为新闻记者要熟练地掌握语言基础知识和基本技能，训练自己的归纳、概括和总结的能力，掌握与人沟通的技巧。

（三）新闻采访提问的方法方式

提问，实质是运用谈话的方式研究采访对象心理的一种方法。提问主要有正面提、侧面探、反面激三种提问方式。正面提，即提问要开门见山、直截了当、单刀直入，不要转弯抹角兜圈子；侧面探，即运用启发引导的原理和技能，旁敲侧击、循循善诱地促使采访对象对以往的新闻材料进行回忆；反面激，即记者通过一定强度的刺激设问，促使采访对象的感觉由“要我谈”转变为“我要谈”，从而打开采访通道。

反面激又称激将法，是提问方式中常用的一种，就是要提出敏感、富有刺激性的问题，调动采访对象的兴致。例如，久居政界的达官政要，都十分老练，用惯常的提问方式采访，得到的往往是不着边际、不得要领、模棱两可、充斥外交辞令的空话。因为，对于常见的问题，他们也许回答过许多次，已经没兴趣再多费口舌。但是，对于具有刺激性、挑战性的提问，他们会像吃惯了甜腻的东西时突然尝到一只辣椒，受到刺激而神经兴奋。

二、新闻采访的观察艺术

新闻采访离不开观察活动，观察是认识的最初始活动，也是触发记者新闻灵感的有效武器。新闻观察并不是仅仅指视觉上的看，而是指包括耳、鼻、口等多种感官的综合活动。

（一）新闻观察的意义

新闻观察是新闻采访活动的一个重要环节，也是记者进行采访活动的重要方法。优秀的新闻报道总是离不开观察活动。

1. 新闻观察是发现新闻线索的重要途径

优秀的记者总是有良好的观察能力，能够在平常的生活事件中发现问题，发现有新闻价值的东西。一个优秀的新闻记者总是有敏锐的观察能力，总是能见人之所未见。

获得2002年中国新闻奖的《从江西第一到全国最大——黄庆仁栈“变脸”的背后》，就是作者在街头不经意间发现黄庆仁栈药店正在更换招牌，由“黄庆仁栈药店”变成了“黄庆仁栈华氏大药房”。在没有任何舆论造势的情况下，黄庆仁栈悄然变脸，引起了记者的强烈好奇，于是记者抓住这一新闻由头，立即进行深入采访，掌握了黄庆仁栈变脸的幕前幕后的第一手鲜活材料。

2. 新闻观察是增加新闻报道真实性的有效途径

新闻观察活动，可以缩短记者接近新闻事实的中间过程，减少口述人或者书面材料所带有的某种遗漏和片面，有助于记者直接获得第一手的新闻材料，从而比较有效地保证新闻事实的客观性，增强新闻报道的真实性。所谓“眼见为实，耳听为虚”。许多新闻报道失真，使读者感到可信程度不高，一个主要的原因就是一些记者仅凭采访对象的口头介绍或者有关书面材料进行新闻报道。记者没有到新闻现场对新闻事实进行观察和思考，容易对新闻现场所发生的新闻事实缺乏具体的认识和了解，容易凭借经验性的经历和报道习惯，使这一新闻报道流于形式，缺乏新闻的新颖性、具体性、可信性。写出来的新闻报道往往缺乏有血有肉的细节，缺乏打动人心的真情实感，也难以达到新闻应有的价值和说服力。

2004年，美国新闻界爆出了一个惊人的丑闻，《纽约时报》的一位新闻记者的一篇新闻报道，被读者检举新闻失实。经过调查才发现，原来这个美国记者在写这篇报道的时候，根本就没有到过文章中所提到的地方。他所撰写的新闻完全是在别人新闻报道的基础上杜撰出来的。因为没有亲临此地去切身感受、亲身体验和现场观察，所写的新闻报道闹出了笑话。在后来的调查中发现，这位新闻记者的其他很多新闻报道也都完全是凭借想象闭门造车杜撰出来的。

3. 新闻观察能够加深记者对采访对象和主题的理解

人们对事物的认识是一个从现象到本质、由感性到理性的不断深化、飞跃的过程。重视新闻观察，发挥新闻观察的作用，正是使认识由表面到本质，透过现象看本质的前提。在现实生活中，我们也发现有一些新闻记者为了加深对报道主题的理解，亲自参与其中，和采访对象一起生活，在生活中观察，在生活中感受。奥琳埃娜·法拉奇是20世纪世界上著名的战地记者，她的新闻报道往往因为真实深刻而为人称道。1967年，她作为《欧洲人》的记者，为获得越战的真实情况，主动要求去越南，开始了长达8年的战地采访生涯，身处血腥的战火之中，她既采访越南共产党领导又采访普通士兵，数次涉险，冒着炮火发回了大量精彩报道。

4. 观察能够获得生动的细节，增强新闻报道的可读性

新闻记者亲自到事件现场观察，能够获取生动、形象的现场材料和细节材料，为视觉新闻的书写创造条件。所谓视觉新闻，就是有立体感、现场感，有现场画面和视觉形象，有典型生动的细节的新闻。在电视媒介走进千家万户的今天，使纸质新闻报道具有视觉效果，是增强其形象性的重要手段。新闻观察能够使记者在新闻事件的现场，直接通过各种感官来摄取新闻素材。

一个记者在采访先进人物、模范工作者的时候，单纯地听有关部门领导和相关同事的介绍，能够收集到一大堆的材料。但是这些材料往往并不具体，

带有模糊性、概括性的特点。如果记者能够亲临人物工作现场，进行具体的观察，也许就能发现具有新鲜活力的生活细节来。

5. 在特定场合，新闻观察是采访唯一可行的方法

新闻采访只有有了采访对象，才能保证新闻采访活动的成功。但在实际工作过程中，记者也经常会碰到拒绝采访的尴尬和挫折。通过面对面的语言交流和书面资料来了解采访对象和采访主题，成了不可能。这时候，新闻观察就成了一个重要的方式。采访对象可以拒绝回答问题，可以拒绝提供相关的书面资料，但是却无法阻止记者观察的眼睛。记者可以通过大量隐匿性的观察，来了解采访对象和主题的相关情况。在采访一些不愿意谈自己的技术能手时，很多时候，采访者采用的就是到工厂中去，在工厂中，观察采访对象的言行举止，边看边听，细心观察，用眼睛捕捉生动和鲜活的材料。

（二）新闻观察的方式和艺术

新闻采访活动需要记者有一双慧眼，对现场环境、采访对象进行仔细的观察，尽力捕捉一切非语言信息。不经意间流露的一切恰恰是最自然、最真实，往往也是最动人、最有潜在价值的信息。在新闻观察活动中，具体的环境和采访任务的要求不同，观察的内容和重点也就不同，记者应该根据观察的具体环境和对象的特点，选择有效的观察方式和技巧。

1. 新闻观察的方式

新闻观察的方式多种多样，依据新闻现场记者身份的差异，新闻观察大体上可以概括为以下三种形式：

（1）参与式观察

在一般情况下，记者扮演的是“你做我写”“你说我写”的角色，不直接参与事件的观察和实践。但是“你做我写”，记者获得的只是间接知识，缺乏亲身体验。体验式采访，则可在一定程度上弥补这种缺憾，变“你做我写”为“我观我写”。参与式、体验式观察，有助于记者眼睛向下，尽快接近采访对象，获得真知，更深入地了解客观实际，也有助于记者积累生活经验、生产经验、工作经验。对于本身生活在采访对象身边的记者而言，这种亲身体验式的观察和采访，加深了其对采访对象的理解，采访对象的一言一行，都是在自己的眼前发生的，是活生生的第一手材料。这种观察，还有利于记者捕捉到自己生活场景中的其他人物和事物，发现具有新闻价值的素材。

（2）旁观式观察

有些特殊的事件或者现场，不允许有关工作人员接受记者的采访，只允许记者作为一个旁观者在场。这时候，记者就只能凭借观察来完成采访任务。比如，在一些涉及重大国家机要的案件审理过程中，如果允许记者在场，往往也只是允许记者作为一个列席者、旁观者在场。记者需要凭借自己全方位的观察，仔细聆听整个过程，完成采访任务。这种情况下的采访，往往需要记者高度集中，从整个案件审理和宣判过程中，聆听需要掌握的细节和关键问题。同时又要仔细观察犯罪者的神态变化、轻微的动作和姿态，从中把握其心理活动和心态情绪。

（3）暗访式观察

暗访式观察，是指记者为完成某一特定的采访任务而把自己的身份和意图隐藏起来的观察方式。在一些治安不好，或者偶然的场合中，会经常发生一些在光天化日下抢劫、打架斗殴等暴力事件，凶残的暴徒会残暴地殴打甚至伤害欲对其行为进行拍摄的记者。这种情况下，正常合理的采访行为无法正常实施，不便于记者暴露自己的身份，记者只能采取一种隐匿的采访，或躲在某个不起眼的角落，或混迹于人群中，详细地观察事态发展过程和实况。如西方一些记者在报道非洲一些战乱国家某些暴力争斗和武装冲突的画面时，记者往往是在某一个隐蔽的角落，透过狭窄的缝隙或者某个破旧的窗户，偷偷地进行拍摄采访。这种采访往往是冒着极大风险的，甚至会付出生命的代价。

2. 新闻观察的艺术

著名科学家巴甫洛夫曾在自己研究所的建筑物上写下这样的题词："观察、观察、再观察。"这不仅是一个科学工作者的座右铭，还应成为新闻记者牢记的格言。记者应努力培养自己敏锐而健全的观察力，掌握正确而有效的观察艺术。

（1）观察要有明确的目的、任务

记者采访的目的、任务是否明确，直接关系到观察的效果。记者只有明确采访目的后，才有可能有效地把注意力集中起来，指向明确的方向。因此，记者在采访中应思考所服务的受众特点、新闻事实的主题以及写作的体裁，因为记者的报道必须满足不同的受众需求。不同的事实主题对观察的要求是不一样的，记者采访时必须根据事实主题的需要有针对性地观察，尤其是在现场采访中，如果毫无目的、漫无目标地随便看看，则难以获得主题需要的素材。对于一些对观察要求较高的新闻体裁，如特写，在采访时只有紧盯住现场最精彩的瞬间，集中精力捕捉现场人和物的细节“镜头”，才能写出鲜活的作品。

（2）观察要从细节入手

关于细节的价值，巴尔扎克在《私人生活场景》一书的序言中这样强调：“天才出类拔萃的标志无疑是发明，一切情史看来已被描写净尽，连无法做到的事情都已尝试过了，本作者坚信，今后唯有细节能构成被不确切地称为‘小说’的价值。”新闻以事实描述为主，并不像小说那样以塑造人物形象为主，但新闻中的事实也要涉及人，就必然会有情节和细节。那些具有新闻价值的情节和细节，可以增强新闻的现场感、真实感，常常成为现场采访新闻不可或缺的“维生素”。从细节入手，咬定细节不放松，是一个新闻记者发现才能的体现。那些典型的新闻事实的细节材料，反映了时代和社会的本质的东西，发现它、表现它，可谓“以小见大”、事半功倍，会获得“四两拨千斤”的效果。一个有眼光的记者，常常是从细节材料中发掘“隐性新闻”的价值的。

（3）观察要选择最佳时机、位置

所谓“横看成岭侧成峰，远近高低各不同”，观察位置不同，角度不同，对事物的观察结果也是不同的。这里所说的时机和位置主要包括以下两层意思。一是观察者在同一个现场要选择观察的最佳时机和位置。比如看戏，坐在靠近舞台的前排，还是坐在远离舞台的后排，这对看戏的感受和结果是大不一样的。坐在后排，演员的表情、动作、演技都看不清楚，看戏的兴趣就自然大减。因此，现场观察时，记者要选择好观察的位置和角度，以利于对全场情况和重点观察对象的全面准确的把握。二是面对同一采访对象可以选择不同的位置、时机来观察、采访。记者可以选择在最能表现人或物特征的时间、地点来进行观察。比如人物专访，最好选择在读者最关心或采访对象感受最新鲜、最强烈的时候进行；针对不同的人，可以选择在咖啡厅，或者是工作现场等。

（4）观察时要积极思考

在记者采访中，“看”和“想”总是密切联系在一起的。一方面记者要借助于观察源源不断地向思维提供食粮和营养，另一方面又通过思维活动去理解、分析和判断观察的现象，加深对其内在本质的理解。有经验的记者在观察中抓新闻，显得很敏感，看起来好像带有某种偶然性，其实这正是他们勤于思考、善于思考问题的必然结果。作为一个新闻记者，无论什么时候，无论走到哪里，都要保持敏锐的警觉。只有这样随时随地捕捉新闻事实的消息，才能发现日常生活中具有新闻报道价值的素材。一些采访者感叹新闻线索少，其主要原因在于对“司空见惯”的事物、事情往往熟视无睹，缺乏思考。善于思考的记者，往往不缺乏新闻线索。如一位记者在逛街时常常看见许多商店门口竖有一块牌子，上面写着：“此处禁止存放自行车，违者罚款。”一连数家商店，家家如此。这样的标语触发了一位记者的思考：那自行车究竟该往哪放？于是一组富有新意的摄影报道便由此诞生：几个镜头，后加标题“请问放在哪儿”。

（5）观察中要善于抓特征

记者在采访中，既要注意观察事物总的概貌、总的印象、总的认识，克服对事物认识的片面性；又要抓住被观察对象的特征，对有特点、有个性的事物进行细致的观察。在观察中映入视野范围的对象、事物有很多，视野十分广阔，这时候就应注意分析事物的特点，比较事物的异同，抓住事物的主要特征。

三、新闻采访中的心理调节

所谓采访中的心理调节，就是指新闻采访者应积极主动采取适当的方法和策略，调节采访氛围，创造恰当的采访场景。采访中的心理调节包括两个方面，即被采访者的心理调节和记者本人的心理调节。而记者本人的心理调节主要是基于被采访者心理的变化而变化的，因此新闻采访中心理调节的关键在于对被采访者心理的适当调节和“控制”。

（一）采访对象的心理状态分析

人是千差万别的，“世界上没有两片完全相同的树叶”，成为记者采访对象的个体面在访问时所表现出的心理状态也是千差万别的。面对记者的采访，有的采访对象积极协作，有的采访对象只是一般的配合，有的采访对象则消极对抗。由于各个采访对象的心理十分复杂，采访者在采访活动中应采取灵活的态度和相应的方法。

1. 采访对象的心理类型

采访对象的心理最为复杂，但从新闻采访角度看，一般可分为合作型和非合作型。

合作型，指对采访者持欢迎态度。大致可分为下列三种。“理想合作型”，这类采访对象积极主动、思路清晰、反应灵敏，语言表达能力较强，反映情况真实可靠。应该说，这是一种正常的新闻心理。“不理想合作型”，这类采访对象对采访者也是欢迎的，但由于心理素质较差，即使有情况也谈不出，或谈话、回答问题不得要领。“虚假合作型”，这类采访对象的心理特点是随机应变、投人所好，个别的甚至信口开河，提供假材料。

非合作型，指采访对象对采访者持不欢迎态度，但可分为真假两种。“真非合作型”，这类采访对象对采访反感，消极应付，甚至拒绝采访，有的对新闻采访持不正确的看法，有的是因为意料到采访结果将产生对自己不利的影响，心理状态呈“防御型”。“假非合作型”，这类采访对象对采访的态度从表面上看也具有一些“非合作型”的特点，但往往因为受某些主客观因素的影响，或工作方法不对而表现出不配合。

2. 影响被采访者心理的因素

从心理因素上讲，采访对象的心理主要受其个性特征以及与新闻事件的关系两方面的影响。

（1）个性特征是采访对象在采访中心理反应的基础

个性特征主要包括个人的气质、性格、能力。采访对象在被采访时，其个性心理特征参与了采访心理活动，使他们的反应以其个人特有的方式表现出来。性格外向的采访对象一般容易接近，而且热情、大方，有问必答，毫不拘束，乐意满足记者的要求；而性格内向的采访对象在访问中则表现为情绪紧张、态度拘谨，说话吞吞吐吐，有时甚至面红耳赤。正所谓“知己知彼，百战不殆”。采访前对采访对象的个性、气质、能力、经历的深入了解与掌握，是采访获得成功的重要前提。

（2）与新闻事件的关系制约采访进程

于己有利事实被采访时，可以给采访对象带来经济上的利益或是使之获得精神上的满足。记者只要一提出问题，他们便会滔滔不绝地讲下去。有些时候，他们还会反客为主，找上门去向记者提供情况。而于己不利事实被采访时，保护自己是被采访时的主导心理，采访对象都会采取“保护主义”的态度，千方百计避免自己受到损害。中性事实被采访时采访对象的心理情况是自己与事实之间的利害关系不大，不存在利益纠葛，因而采访交流就比较自如、随意，此时记者的言行举止、礼貌风度、谈话技巧、知识水平或方式方法成了采访对象是否接受采访的关键。

（二）新闻采访中的心理调节

1. 把握采访对象的心理状态

采访对象在采访过程中的心理状态，大致有以下几种情况。一是积极配合心理。这类采访对象大都理解记者采访的目的和意义，因而能积极配合，敢讲真话、实话，并能主动提供事实或线索。二是轻视心理。有的采访对象由于认识不到新闻报道的意义，因而产生轻视心理；有的人因为生活或工作上有实际困难，认为记者解决不了他的实际问题，因而对记者采访抱有轻视态度。这一类采访对象往往不愿意回答问题，谈话时注意力经常转移，有的干脆采取敷衍态度。三是揣测心理。不少采访对象，在谈话前，因不知道记者的采访内容而会做各种揣测，是了解自己的情况还是了解他人的情况？是采访自己的先进事迹，还是采访自己的过失行为？这类采访对象在谈话开始时，十分注意观察记者的神态、表情、语言和态度，有的还会放出“试探气球”，以期了解记者采访的真正目的和意图。四是惶惑、恐惧心理。有的采访对象文化水平低、不善交际言谈，常常怕谈不到点子上被记者瞧不起，或者怕说错了话得罪有关的人。在被采访时，这种人往往神情紧张、惶恐不安。五是防御心理。这种心理时常出现在犯过错误，受过批评，遇到过挫折的采访对象身上。一听记者要找他采访，脑子便产生“防御定势”。这类人在采访时大多十分拘谨，存有戒心，不愿正面回答记者的发问，有的明明知道却推说不知，予以搪塞。

上述种种心理状态，在实际采访中，常常会表现出多样性和复杂性。采访对象由于内心的冲突，其心理状态又会呈现出突变性。因此，在采访过程的开始、中间、结束三个阶段中，记者必须细心观察和判断，准确地把握采访对象哪一种心理状态占主导地位，产生这种心理状态的原因是什么，以便有的放矢，采取切实有效的对策。

2. 架起沟通的桥梁

在采访中，记者要善于利用地理、环境、年龄、性别、兴趣爱好等特点，在采访者和受访者之间架起一座沟通的桥梁。一是构架地理上的“桥梁”。尽管记者和采访对象素不相识，但若是同乡，或者过去同在某个地区生活、工作、居住过，甚至都曾到某个地方出差、旅游过，采访时若能由此而展开话题，常能使人产生特有的亲近感，迅速缩短双方感情上的距离。二是构架环境上的“桥梁”，即寻找最合适的采访地点。由于被采访者的身份、职业、职务、文化素养、工作性质等方面不尽相同，采访地点应有所不同。一般说来，采访有声望的专家学者等，适于在办公室、书房、会客室等场所进行；采访普通工人、农民、战士等，应尽可能深入到家庭、车间、哨所等场所；采访售货员、运动员、演员等，则应选择商场、运动场、排演场等地点。这样做是为了顺应采访对象的心理，创造一种诚挚、亲切、信任、倾心的氛围。三是构架性别、年龄上的“桥梁”。现实生活中，同性同龄人之间常常有较多的共同语言。这种性别、年龄上的接近性，在新闻采访中如果利用恰当，则可能成为迅速接近采访对象的“桥梁”。四是构架兴趣、爱好上的“桥梁”。共同的兴趣、爱好作用在人们的心理上，往往会诱发一种定向吸引力，爱好相同易成为朋友。在新闻采访中，把兴趣、爱好上的接近作为“桥梁”而取得成功的案例，不胜枚举。因此，记者要在平时培养广泛的兴趣、爱好，并在采访准备和采访过程中注意了解采访对象的兴趣和爱好，找出相同点，使之成为采访的契机。

3. 善于运用心理调控方式

美国社会心理学家班杜拉依据社会学理论提出了诱导、控制他人行为的四种方式，即示范、强化、说服和情绪激励，这对新闻采访有一定的借鉴意义。示范就是要求用自身的态度、行为表现来影响对方并使其做出同样的反应，也就是所谓的“身教胜于言教”。采访过程中，待人诚恳、落落大方，适度地自我表露，是最有效的一种感情交流的示范行为。强化就是借助于语言或者非语言的符号，传达社会或个人对采访对象所谈事物的赞同或反对的信息，增强或者消除采访对象的某种行为倾向。例如，褒奖赞美的言辞、好感的微笑、认真倾听的身姿、关注的目光，是赞成的信息；而批评的言语、厌恶的表情、冷漠的目光等，是反对的信息。凡是伴随着一定活动的任何一种愉快的情绪体验，都能使这种活动强化，而不愉快的情绪则会抑制这种活动。说服是用建议、劝告性的语言改变他人的态度，从而改变他人的行为。情绪激励就是通过刺激对方的情绪，使之达到某种心境，从而较容易地诱发某种行为。在采访过程中，要根据具体情况，选择不同的调节方法，有时候甚至要综合运用几种方法。

4. 调节要有针对性

采访对象对访问所表现出的不同态度，是由其个性心理特征以及采访事实与其利害关系所决定的。因此，记者可以通过对象的不同态度，分析、掌握其心理，采取相应的调节对策，以达到“控制”其态度的目的。乐意接受采访而又善于同记者交谈者，这类采访对象一般性格外向，记者应以“热”对“热”，注意倾听，尽量使对方保持最佳心理状态，以便让其谈出更多更有价值的材料。乐意接受采访，但不善于同记者交谈者，这类采访对象性格内向，在采访中记者要十分注意在言谈举止上尊重对方，增强他们的自信心；努力创造自然、轻松、亲切的谈话氛围，以消除其接受采访时的紧张感。而且要表现出一定的耐心，切不可耍态度、发脾气，同时要十分注意谈话的技巧，提问要具体，并以轻言细语帮助对方思考、回忆和表达。不愿意接受采访者，记者可以从向其提供信息调整采访对象的认知入手改变其态度，或通过巧妙的说服，把有利于采访的情感调动起来。在这种说服中要注意由远而近，好的说服方法往往不是先谈具体问题，而是先谈远的人或事，比较隐晦地用一些例子和榜样开导采访对象，使其思想上有个缓冲的余地，然后再巧妙地转到眼前的问题上。

第四节　新闻采访的记录

准确、详尽、清楚、精当的采访记录，是加工冶炼新闻成品的原料仓库。

随着科学技术的发展，录音机、摄像机等先进设备的使用在新闻采访中越来越普及。但有的场合使用这些设备，往往容易使被采访者感到拘束。所以，做好采访记录永远是采访者的一门重要技术。

一、做新闻采访记录需要注意的几点

（一）“眼见”要注意抓特征

采访中要注意用眼睛观察，以抓取采访现场和采访对象的一切外部、外在及外貌特征。采访时眼睛观察到的东西有很多，一般来说，与采访对象和写报道有关的均应记入笔记。

（二）“耳闻”要注意抓重点

不仅要听，还要问，与被采访者讨论。这是最基本、最常用的采访方式。口头采访，不可能也没必要将被采访者说的话一句不漏地记下来，而要集中精力抓要点。

（三）记“事”时不忘记“识”

“事”即事实材料，“识”即思想认识。对采访中听到的故事和事实材料很重视，询问记录得也很详细，这是必要的。对被采访者在介绍故事和事实材料的过程中，所表述的思想认识、好的见解等内容更要记好。因为记“事”不记“识”，常如丢了宝。实践证明，记“事”中不忘记“识”，采集的事实材料才有灵魂，写出的报道才有思想深度。

（四）“人云”也要记“己思”

“人云”，即他人所讲；“己思”，即自己所思。采访中既要记采访时对现场的观察和被采访人的谈话内容，又要记采访者当时的思考、判断、推理及得出的结论。比起那种采访中只顾埋头记，不动脑子想，采访之后再从头熟悉、消化的做法，上述做法往往会收到事半功倍的效果。

（五）记下被采访对象重要的、关键时刻的原话

原话是最珍贵的历史记录，新闻写作中，引用被报道对象关键时刻的原话，往往能使人物性格更加突出、鲜明，使作品生辉。记原话最重要的是准确。只有准确，才有使用价值，才能鲜明地表现人物的性格特点和思想风貌。

（六）记下拨动心灵处

新闻不是纯客观的报道，新闻要教育人，首先要感动人。感动人就需要有激情。新闻采访与写作是一个带有强烈感情色彩的活动。采访者的政治倾向、思想感情，贯穿整个采访活动的全过程。采访中，对感动自己的地方，一定要足够重视，并将其记录下来。

（七）记下疑问处

采访中，由于各种原因，被采访者提供的同一事实、细节、时间、情景等，有时会有出入，甚至互相矛盾。对于这种当时或仅靠一人无法搞清楚的地方，要记下来，以便进一步核实。

（八）记录要及时整理归类

采访者应该养成及时整理采访笔记的习惯。整理，实际上是一次对素材再加工的过程，也是积累资料的有效方法。不但可以使采集到的新闻素材更加完善，而且有助于综合利用新闻资源，还可以起到练笔的作用。

（九）记录要力求准确、详尽、清楚

记笔记，越准确、越详细越好。此外，字迹还要清楚，有的采访笔记，可能就是当时用一次，没有保存价值，有的则可以作为自己的资料，有的重大事件的采访资料还要长期保存。

（十）记录要提高速度

掌握既快又好的记录技术，是新闻采访的一种特殊需要。在记录中可以创造出一套适合自己的快记本领和记录符号。将常用的固定长句、词组，简写或缩写，如“公共汽车的行驶路线”写为“公汽～线”。有的记者还创造了一些其他的记录符号，只要自己固定使用，约定成习，也不失为方法之一。

二、做新闻采访记录需要掌握的要点

（一）缩记主要的过程

缩记不等于速记，速记是逐字逐句地记录。缩记，一是“缩写”——抽几条筋，写出大意；二是写“题目”——抽主要的思想写出来；三是用符号代替——可以用字代词、词代句以及用字母来简略地记下一个复杂的新闻事实。重要的是，要抓住事件发展的主要点、关键点及连接点；要记下思想认识的基准点、转折点；记下事物发展变化的过程梗概。为便于整理，在每页纸上只写一半，空一半。

（二）记下重要的细节

采访时对细节的记述要具体、细致，应注意两点。一是容易出错的、非记不可的东西，如人名、地名、数字、引语等，记笔记时要记准，避免音同字不同和误听的差错。对于很多专业名词、行话，也要弄懂含义，记准确。二是事实的关键之处，大致经过、情节、原因、结果等，要记准确。对一些拿不准的话，最好是当场问清楚了再记下来，实在对方一时说不准，也要在笔记本上打个问号。数据和核心事实，必须听清问准后再做记录。

（三）抓住环境特征

现场采访，要留心观察，把与报道有关的东西都记下来，如采访或事件发生时的天气特征；被采访者所处的客观环境和地形特征；采访和事件发生时的场景特征；被采访对象的人物特征、表情，甚至嗅到的、尝到的、触到的，都要记录下来。

第五章　新闻写作的特性与方法

第一节　新闻写作的特性

一、新闻写作中的各种关系

（一）倾向性与多样性的关系

倾向性是一个政治的概念，是新闻的政治属性。因为新闻学在广义上属于政治学的一个领域。政治是什么？《现代汉语词典》的解释是，指政府、政党、社会团体和个人在内政及国际关系方面的活动；政治是经济的集中表现，产生于一定的经济基础之上，并为经济基础服务，同时极大地影响经济的发展。新闻对于社会生活的报道，不可能脱离政治的制约和影响，就像任何一个社会的人不可能脱离政治的制约和影响一样。正因为如此，新鲜事物一旦进入大众传播过程，从材料的鉴别和筛选，到写成新闻稿件，都会融进作者的政治认识和态度，甚至作者的感情品质也会影响新闻作品的价值。这是人们反映客观存在的一种认识能动性。新闻写作如此，任何反映过程，不管是艺术的还是科学的，都不会违背这个规律。

报纸和广播电视等媒体，是联系政府与人民群众的桥梁和纽带，担负着为实现国家的社会主义现代化服务的责任。因此，记者在写作新闻时，就必须考虑新闻题材对党和人民事业的利害关系，考虑它可能产生的社会效果，做到有所为有所不为，即有利于社会的就写，不利于社会的就不写。这就是所谓的倾向性、人民性、党性。这是新闻必须考虑的一个具有决定意义的主观因素，是衡量新闻价值的重要依据。

新闻写作中的倾向性是一种确定的普遍性。但是，它应当通过千差万别的个别性，即多样性表现出来。多样性说的是新闻写作中的报道题材、表现角度、报道方式方法等，都应当富有变化，不拘一格，各有独特的价值和面貌。倾向性与多样性的统一，表现了“普遍性寓于个别性之中”的道理。没有多样变化的倾向性，就会造成报道的一般化、雷同化；多样的变化，如果缺乏确定的倾向作为制衡的因素，又会流于杂乱，失去基调。只有把二者结合起来，以倾向性指导多样性，以多样性表现倾向性，才能产生良好的传播效果。

（二）真实性与艺术性的关系

真实性是新闻的本质属性，失去了真实性，事实就不能成立。这样的新闻报道，就成了假话，走向了事实的反面。真实性就是客观实在性。任何事物都有它存在的形态和结构，以具体多样的现象表现出来。新闻的真实性首先指的就是这种现象的真实，即新闻提供的信息必须完全符合事实所具有的实实在在的状况。现象是人们能直接感知的事物的外部联系，本质则是要通过人的思维才能把握的事物的内部联系。现象是本质的多方面的表现，不表现为现象的本质是不存在的。所以，现象的真实是新闻真实性的依据。

艺术性说的是新闻写作中应有的一种感性形式。新闻对于社会生活的反映，既不能运用塑造典型形象的文学手段，又不能采取抽象认识的哲学方式，而有着自己的特殊性。这种特殊性建立在两个基点上，一是传播客观对象的事实信息，二是调动主体的认知能力，二者相辅相成。我们知道，人的认识离不开感性的基础。人们必须依靠感官直接感知事物的现象，才能进而达到对于事物本质的理解。

新闻报道事实的客观内容，应当以某种感性方式让读者或听众体验到事实的本身。新闻写作的技巧不能只是表现为把丰富的事实浓缩成一个概略的内容，更需要写出那些足以调动读者想象的感性上的多维度的事实信息，以引发受众“从感觉上去认识它们”。由此可见，新闻写作的艺术性离不开形象的因素，要求以能反映本质的现象去表现现象的本质，要求记者对于外界事物必须具有敏锐的感性把握力。在这一点上，新闻和文学又有着亲缘的关系。中外文学有着几千年的历史，丰富的艺术积累，可以成为新闻工作者在写作上吸取艺术营养的不尽源泉。实践证明，杰出的新闻工作者，除了具有较高的政治思想水平、丰富的文化知识以外，还有深厚的文学根基，因而在写作上都有不同于普通记者的艺术表现，往往能够把真实性与艺术性完美地结合起来。尤其是在现场短新闻和通讯的写作中，往往采用艺术的表现烘托气氛。

（三）知识性与趣味性的关系

凡对人们有益的信息都是知识。随着大众传播的发展，新闻在传播知识方面的社会化作用越来越重要了。在社会主义现代化建设中，利用新闻手段，普及科学技术和各类文化知识，提高人民的科学文化水平，是新闻工作者的光荣职责，也受到了群众的热烈欢迎。

新闻工作还可以搜集公开的科技情报，经过浓缩和整理，把其中的新思想、新概念、新技术和新成就及时地传播下去，能促进科学技术向社会生产力方面的转化。

新闻媒介在传播知识的过程中，应该有生动活泼的形式，应能引人入胜，寓知识于趣味之中。

趣味性首先来自实在的知识内容。知识是趣味的源泉。

科学的比喻是引导人们把日常概念和科学要领联系起来的趣味性形式。日常概念是人们在日常生活或已有的知识经验中形成的概念，虽不是科学概念，但往往有类似的含义，可以启发人们对科学概念的理解。例如，用“搭桥”去解释“颅内—颅外血管吻合术”，人们会立刻明白；用“数学皇冠上的明珠”来表现“哥德巴赫猜想”，人们便会赞赏陈景润研究“1+2”的价值。比喻，主要是凭借受智性制约的感性作用来完成对事物的认识。它通过形象的形式体现认识现实的结果，所以易于被人们接受。而形象的形式往往是生动有趣的。需要注意的是，比喻只能表现事物之间的相似点，并不能事物的全部。所以，在运用比喻时，需要抓住知识内容中最基本、最有特点的部分，以此为突破口，人们便可以窥知事物内部的精髓了。

二、新闻体裁的分类

作为一个新闻工作者，应该熟练地掌握和运用不同的新闻文体，将新闻事实迅速、准确、形象、生动地传递给读者，这是一项基本功。

近代报纸出现后，随着报道范围的不断扩大，新闻内容逐渐丰富，新闻设备不断增加，新闻体裁也日益多样化。

一般而言，传统的新闻体裁（这里仅就新闻报道体裁而言）大致有以下几类：

（一）消息

消息是对新近发生的有社会意义的事实进行简明扼要、迅速及时报道的一种新闻体裁。它篇幅短小，特别讲求时效。消息又有报刊文字消息、广播消息（口播和录音新闻）、电视消息（口播和声像新闻）等。

消息，历来是新闻报道的主要体裁。最早的消息基本上采用一事一报的方式，只讲“何事”不讲“为何”，一条消息仅三言两语。“五四”运动之后，西方的新闻写作方法被介绍到中国。20 世纪 20 年代上海的《新闻报》、北京的《晨报》等开始使用新闻导语，到 20 世纪 30 年代，新闻导语被各报综合运用，并且随着新闻信息的增加，开始出现一些综合消息。

（二）通讯

通讯是一种运用多种表达方式，具体、生动、及时地报道具有新闻价值的人物、事件、情况和问题的新闻体裁。它和消息均是主要的新闻报道形式，是记者的常规武器。通讯也分报刊文字通讯、广播新闻专题、电视新闻专题等。

（三）深度报道

深度报道是一种系统反映重大新闻事件和社会问题，深入挖掘和阐明事件的因果关系并揭示其实质意义，追踪和探索其发展趋向的报道方式。它运用解释、分析、预测等方法，从历史渊源、因果关系、矛盾演变、影响作用和发展趋势等方面报道新闻，突破了一人一地一事的报道模式，着重揭示“为什么”和“怎么样”两个新闻要素。

20 世纪 30 年代，述评新闻逐渐兴起。述评新闻往往以叙述新闻事实为主，围绕着新闻事实进行分析、议论，评价新闻事件的性质，揭示事件的发展趋势。西方的解释性新闻在性质上与我国的述评新闻相近。无论是解释性新闻，还是述评新闻，它们都不再是“纯新闻报道”，其内容、篇幅都与通常的“消息”有了明显的区别。由于解释性新闻与述评新闻比一般的消息更有深度，因此又被人们泛称为“深度报道”。

目前，从广义上理解，连续报道、系列报道、组合报道等，也都属于集合类深度报道。

（四）新闻评论

新闻评论是社会各界对新近发生的新闻事件所发表的言论的总称。

新闻评论的主要特点：一是与其他评论一样，由论点、论据、论证三要素组成，具有政策性、针对性和准确性；二是在有限的篇幅中，主要靠深刻独特的思想见解吸引读者；三是立意新颖、论述精当、文采斐然；四是主流受众面广。

我国近代史上第一份中文报刊《察世俗每月统记传》揭开了中国近代报刊的历史，也开了中国新闻评论的先河。其言论以宣传宗教教义、伦理道德为主，虽有个别接近现实的言论出现，但基本上不具新闻性。《东西洋考每月统记传》是外国人在中国境内出版的第一份中文近代报刊，有固定的言论专栏，并在版面上做了强势处理，其中有不少评论直接触及社会现实矛盾，使新闻评论具有了现实性和针对性。

王韬是中国第一位报刊政论家；梁启超是继王韬之后中国近代报刊史上最有影响的政论家，他担任《时务报》总主笔期间撰写的政论曾风靡一时；梁启超于1898年创办《清议报》，开设了《国闻短论》专栏，所刊言论具有较强的时效性和针对性，为时事短评的出现奠定了基础。19世纪末至20世纪初，以议论时事为主的报刊时评出现，1904年创刊的《时报》，专门设置《时评》专栏，所发评论注意与当天重大新闻相配合，篇幅短小，时效性强，一日数篇，分版设置。与政论相比，时评更注意新闻性，特别是时效性，因此更接近于今天的新闻评论。“五四”运动前后，报刊评论的舆论引导作用不断加强；报刊评论的体裁呈现多样化，专论、代论、来论、外论等各类评论形式纷纷涌现，杂文、述评等逐渐成为常用的报刊评论体式。

新中国成立以来，经济评论的比重明显增加，其综合运用解释型、阐述型、引导型等评论手法，评论题材变得越来越广泛。

三、新闻体裁的表现手法

（一）叙述

叙述是对人物的经历和事件的发展变化过程及场景、空间的转换所做的叙说和交代。

叙述是新闻写作最基本的表现手法。客观地叙述现实，一般要具备时间、地点、人物、事件、原因和结果六要素。

叙述主要分为顺叙、倒叙、插叙和平叙。

顺叙：它是按照事件发生、发展的时间顺序进行叙述的方法。

倒叙：它是把事件的结局或某一突出的片段提到前面来写，然后再从事件的开头进行叙述的方法。

插叙：它是指在叙述主要事件的过程中，根据表达的需要，暂时中断主线而插入的与中心事件内容有关的叙述。

平叙：平行叙述，又叫作分叙。即叙述同一时间内不同地点所发生的两件或两件以上的事。通常采用先叙一件，再叙一件的方法。

（二）描写

描写就是用色彩鲜明、立体感强、生动形象的文字语言把表述对象的状态，生动、具体地描绘出来，给人以栩栩如生、身临其境之感。它是一种“形神兼备”的表述方法，是记人、叙事、写景类文章的主要表述方法之一。描写是具体形象地描绘人物和事物的状态。它所追求的表达效果是用文字绘形绘声绘色地再现客观事物的“样子”，让读者如见其人、如闻其声、如临其境。

在新闻作品中，通常运用细描和白描。

细描：使用大量生动、贴切的比喻，绚丽的文字，斑斓的色彩，进行描写。

白描：以质朴的文字，抓住人物或事物的特征，寥寥几笔就勾勒出人物或事物形象的写法。鲁迅在《作文秘诀》中写道：“白描却没有秘诀。如果要说有，也不过是和障眼法反一调，有真意、去粉饰，少做作，勿卖弄而已。”也可以说，白描实际上是用叙述的方式进行描写。

总之，描写的目的是追求生动逼真。描写以记录事物的状态为表达目的，以事物的具体模样和细节特征为表达对象，以细致地描绘刻画为表达手段。

（三）说明

说明是用简明扼要的文字，把事物的形状、性质、特征、成因、关系、功用等解说清楚的表达方式。这种被解说的对象，有的是实体的事物，如山川、江河、花草、树木、建筑、器物等；有的是抽象的道理，如思想、意识、修养、观点、概念、原理、技术等。

说明的表达对象是客观化的事物或事理。如果说叙述表达的是感性认识，议论表达的是理性认识，那么说明表达的就是知性认识。说明有事物的说明和事理的说明两大类型。凡以某一个客观存在物为对象的，都是事物说明。如介绍某一产品，或者介绍某一组织的历史状况。凡以抽象的概念或科学道理为对象的，都是事理说明。事理说明虽不直接指向某一具体事物，但所介绍的知识都是客观事物的基本特征和规律，仍有很强的客观性特点，跟思想和感情等主观认识有明显不同。

新闻写作中，说明的目的在于追求清楚确切。说明以传播知识为表达目的，以事物的客观属性为表达对象，以概略解释为表达手段。

（四）议论

议论是一种评析、论理的表述方法。议论的特点是以理服人，用说理的办法，以判断、推理等逻辑形式，直接对客观事物进行分析、评论、证明。在日常生活中人们经常用到议论，记者在新闻写作时，更要进行议论，以交流思想、宣扬观点、阐明理论。

议论一度被认为是新闻评论的专权，随着新闻的发展和改革，议论也开始在新闻消息和新闻通讯中使用。但是，议论必须建立在对事实的分析和论证的基础上，不能空发议论。

新闻写作中，议论的目的在于追求深刻透彻。议论以说理服人为表达目的，以对事物的主观看法为表达对象，以概括阐述为表达手段。

（五）抒情

抒情意在表达情思，抒发情感，指以形式化的话语组织，象征性地表现个人内心情感的一类文学活动，它与叙事相对，具有主观性、个性化和诗意化等特征。

新闻中恰当抒情，不仅可以增强新闻报道的情趣，还能增强新闻报道的感染力和可读性。通过抒情，可以更真实、更深刻地表现新闻中人物的喜怒哀乐等心理活动。如果没有抒情性，在写作时笔锋不带感情，只是拉开架势讲大道理，板着面孔机械地说教，就达不到教育人民、指导工作的应有效果。

新闻作品抒情，意在追求情深意长，以抒情感人为表达目的，以主观情怀为表达对象，以直白倾诉为表达手段。

但是，新闻中的抒情，不能成为“蛇足”。新闻写作，特别是消息写作，还是要以叙述为主，通讯和评论作品中要适时抒情，做到真正的有感而发。

第二节　新闻写作的流程

一、新闻主题的提炼

采访是为了写作，采访任务完成，就要考虑写作问题，首先要考虑的是主题的确定、形式的选用、角度的选择、容量的大小、篇幅的长短、发表的缓急等。记者应在占有大量材料的基础上，去粗取精、由表及里地综合分析，提炼新闻事实中具有普遍意义的思想观点，在此基础上挖掘事物的本质，进而确定新闻的主题。

（一）新闻主题

新闻主题即新闻的中心思想，是通过新闻事实所要表达的记者的态度、观念、情感和思想。

新闻主题是事实的客观性和记者的倾向性的统一。新闻作品中既要反映新闻事实，又要表明记者的态度和观点。新闻主题是指新闻报道的中心思想和基本观点，也就是记者对客观事实的看法、态度和通过事实的报道所表达的主观意图。选择和提炼新闻主题至关重要，新闻主题是新闻的灵魂，在新闻作品中起主导作用，像一根红线一样贯穿全文、支配写作，是新闻构思、选材、表达和运用语言的依据。能否成为好新闻的标志之一就是作品有无思想性，内容是否深刻。

（二）新闻主题确立的原则

新闻主题的确立必须坚持导向性、真实性、政策性、时代性、迫切性、普遍性的原则，这是新闻写作的金科玉律。随着中国社会的发展，新闻写作要明确以下原则。

①注意主题的最佳性，即根据时机、背景、受众需要等确定最佳主题。

②注意主题的独创性，即用新观点、新方法、新理论、新视角等挖掘主题。

③增强主题的针对性，即在确定主题的过程中，要有针对性。首先要依据党的政策、当前形势、客观实际等，其次要把握社会生活的焦点、热点、难点。

（三）新闻主题提炼的方法

1. 追根溯源法

追根溯源法就是要深入挖掘，对新闻事实要有一种追根究底的精神，从而不屈不挠地挖掘出事实深处的意蕴。不被表面现象蒙蔽，由此及彼、由表及里地层层分析，挖掘事实本身固有的思想意义，这是最常用的主题提炼方法。

2. 对比联系法

对比联系法给了我们一种研究材料的思路。俗话说，不怕不识货，就怕货比货。比较的方法，特别是对比的方法，对研究和了解事物的本质具有重要的意义。这种提炼主题的方法甚至被人们发展成一种新的报道形式，即对比报道的形式。例如，为了说明质量的重要性，记者选择一个重视质量的工厂和一个不重视质量的工厂一起报道。对比也被发展成一种版面语言。

运用对比联系法提炼主题，可以纵向对比，将事实的历史与现状做比较，从中发现它的特点、新意、价值；也可以横向对比，将事实的外部联系与内部联系做比较，将此地与彼地做比较，从中发现特殊性、差异性、先进性。这种方法需要搜集具有可比性的材料，然后对材料进行深入的鉴别和思考。

3. 见微知著法

要善于在日常生活中，以小见大、一叶知秋，通过一滴水看到太阳的光辉。因为我们平时接触的不可能都是大事件，面对的也不可能都是轰动性的新闻人物和事件，我们接触更多的是凡人琐事、家长里短，这就要求我们要独具慧眼，善于观察，见微知著，从细微普通的新闻事实中挖掘、提炼出以小见大、以一寓万、以平凡见深刻的主题来。

二、新闻素材的取舍

（一）新闻素材

新闻素材是记者通过采访得到的各种未加工的原始材料，也即写作主体通过观察、体验、研究、分析大量的人和事积累下来的丰富的生活材料。其中有直接得到的第一手材料，间接得到的第二手材料、第三手材料和第四手材料。新闻素材是通过采访得来的、拟作报道用的、表现主题的“血肉”。

（二）新闻素材的构成

怎样表现主题是一个多方面的问题，有观点提炼的问题，有素材的选择和使用的问题，有文章的结构问题，甚至还有语言、风格等问题。以下专门从主题的角度来看素材的问题。

从表现主题的角度，素材可以分为下列几类。

1. 主干材料

主干材料是最重要的材料，是骨干材料，也就是那些对报道中的主题起着骨干性的支撑作用的材料。新闻作品的主题是必须有足够分量的事实来支撑的，没有这样的事实，主题就无从谈起。例如，大家熟悉的焦裕禄的报道，它那提倡干部全心全意为人民服务的主题不能离开这样的事实：顶风冒雨查水情、带病工作……没有这些材料就构不成一篇完整的报道。

因此，记者在动手写作之前，最重要的事情是把这类材料找出来，并看它们够不够。如果不够就要继续寻找；如果寻找以后仍然没有，那么就要相应改变报道的主题。

2. 细节材料

细节材料能够生动、有力地表现人物性格、事件发展、社会环境、自然景物。这种材料往往不是很多，有时往往是一句话、一个动作或一个事物的细部，但非常管用。只有骨干材料，虽然也可以把主题表现出来，但往往不够丰满，不够感人。而细节材料却像一种催化剂，或者像做菜时的味精，只加入少许，味道就会立即大变。在关于焦裕禄的那篇报道中，我们清楚地记得这样的细节，焦裕禄一进老农的家就大声地说："我是您的儿子，来看望您老人家！"

正像我们看电影一样，我们不会满足于只看远景和中景镜头，那些特写镜头，往往是更愿意看的，而报道中的细节材料就是特写镜头。有经验的记者都知道，在一次采访中，获得细节材料是很不容易的，数量也是很少的。所以记者在写作的时候，一定要认真地检查，不要让好的细节材料白白丢掉。

3. 背景材料

有一些材料，既不是骨干材料，又不是细节材料，但它们仍然是有用的材料。这就如农民盖房子垒墙的时候，总还需要一些填充材料，如碎砖头等。骨干材料重要，它们往往是一个典型事例；细节材料重要，它们也往往是一个典型细节。有了背景材料，事件才能完整，人物才能丰满。

如果只是几个或一些"点"的材料，就会给人一种单薄的感觉，有了背景材料的补充，就会增加"厚度"，增加可信度，起到补充的作用。如一篇写一位农村基层干部的报道，写了他为群众做的几件好事之后，加上这样一段叙述："人们可以看见，每天最早到地头的是他，最晚回来的是他；冬天在最冷的地方准可以找到他，夏天在最热的地方总可以找到他；逢年过节的时候，在他自己的家里很难找到他，而在别人家里却总可以看到他。"加上这样一段，读者就会感到，这位干部为了群众做好事不是一时的，而是一贯的作风。

（三）新闻素材的选择

1. 新闻材料的鉴别

对素材要反复核实其可靠性、准确性，不可轻信，尤其是第三手、第四手材料。

第一手材料是记者采访中直接观察得到的材料，包括体验式采访时的感受，是最为可信的，是新闻写作的首选材料；第二手材料是记者从当事人、目击者或知情人那里得到的有关新闻事实，包括各种书面材料和口头提供的材料，在写作时常用；第三手、第四手材料，是经过多个中转环节间接得到的材料，不是从当事人、目击者那里得来的，应该仔细验证，在报道时可作为参考，有辅助作用，也要多注意搜集。

在对材料进行鉴别时，要确定其性质，是人证材料，还是口头材料、文字材料；是正式文件，还是未定稿；是正式谈话，还是随意聊天得来的。在确定其性质后，再对所有材料进行分析比较。

2. 新闻素材选择的方法

选最重要的材料：材料要服务主题。不是紧扣主题的材料用得再多，也无济于事。

选最典型的材料：材料要以少胜多。采访搜集材料时，学韩信将兵，多多益善，以十当一；写作选材时，学孙子用兵，以少胜多，以一当十。

选最感人的材料：材料要鲜活生动。生动的事例可增强新闻的感染力，如那些引人入胜的小故事、富有冲击力的视觉画面、有个性的人物话语。

选最新颖的材料：材料要人所未用。选择有新意的材料，选择特色材料。

选最可信的材料：材料要去伪存真。要检查材料的来源，考核材料形成的时间，判断材料的真伪。

三、新闻语言的运用

（一）新闻语言

新闻语言是指适合新闻报道要求、体现新闻特性的语言。它不同于文学语言、政论语言、公文语言。

（二）新闻语言的特征与运用

新闻语言的特点究竟是什么？毛泽东同志曾经提出过“准确、鲜明、生动”的要求。

艾丰在谈到新闻语言的特色时说，“新闻语言的要求是，广泛性和专深性的统一，而更强调广泛性；纪实性和文学性的统一，而更强调纪实性；客观性和主观性的统一，而更强调客观性；速度和深度的统一，而更强调速度。好的新闻语言应该是这一切矛盾的最佳处理的统一。新闻语言的特色，就是在处理这些矛盾中形成的”。

1. 准确

新闻语言必须准确无误、贴切恰当。用词要准，叙事要恰如其分；多用精确语言，少用模糊语言；多用动词，少用形容词。

2. 生动

新闻语言应该生动鲜活、富有感染力。新闻作品虽不同于文艺作品，但也要努力追求语言的生动。一是用朴实的引语，即作品中人物说的朴实无华的话，朴实而生动，生动而感人；二是用白描手法，即三言两语，勾画人物、事物形象的主要特征；三是用“镜头化”的语言，使新闻语言形象化；四是精心使用动词，写活人物、事件。

3. 通俗

新闻语言应该通俗晓畅、明白易懂。一般报道多用大实话、俗语、口语，多用大众化、群众化语言，少用晦涩难懂、故作高深的语言，让绝大多数受众能够看或听明白，如《共产党员刘胡兰慷慨就义》中审讯现场的对话、《夜宿车马店》中的对话。在科技报道、环保报道中使用专业术语、科技名词时要进行适当的解释、说明，且在报道中要巧用数字。

4. 具体

无论叙述还是描写，都要具体，不空洞，不笼统，不抽象，让人看得见、摸得着，真实、可感、可信。具体，才有可信度，才有可读性，才能感人。

5. 简洁

新闻的一大特点是短，这就要求新闻语言应该简洁精练、干净利落。新闻作品特别是消息中的语言要简练，忌拖泥带水，冗长、啰唆。多用白描手法，用简练的笔法勾勒事物最主要的特征。

第三节　新闻写作的要素

通常所说的新闻报道在体裁上有广义和狭义之分。广义上的新闻泛指消息、通讯、深度报道、新闻评论等各种体裁，狭义上的新闻则专指消息这种体裁。对于消息而言，它包括标题、消息头、导语、主体、背景和结尾六个要素。

一、标题

（一）新闻标题的结构

新闻标题按其结构来分，有单一式和复合式两种。单一式标题只有主题而无辅题，主题可以是一行题或两行题（又称双主题）。复合式标题有主题和辅题，辅题包括引题和副题。

1. 主题和辅题的含义

（1）主题

主题说明新闻中最重要的事实和思想，是标题中最主要的部分。

（2）辅题

辅题包括引题和副题。引题又名肩题、眉题、上辅题；副题又名子题、下辅题。在复合式标题中，可以同时具有引题和副题，也可以是只有其中的一种。

引题是位于主题之前的辅题，主要作用是引出主题。引题文字宜简洁，最好不要超过一行，否则，就会喧宾夺主，不利于主题的突出。

副题位于主题之后，主题不能完全包括或表述的重要内容，往往由副题来承担补充和解释的作用。

2. 主题与辅题的关系

主题是中心。从结构来说，主题是标题中最主要的部分，是标题的枢纽，引题和副题都是直接与主题发生关系的。

引题引出主题，可以有多种方式。最常见的是，通过交代和说明相关的背景、意义、目的、原因、结果以及具体事实等引出主题。

副题对主题起补充和解释的作用。分两类：第一类是主题不写事实，只提出一个论断或疑问，标题要提示的新闻事实，全部写在副题中；第二类是主题已经承担部分叙事任务，副题则补充交代其他事实。

3. 新闻标题的结构安排应注意的问题

必须正确体现辅题与主题之间的逻辑关系。主辅题之间存在着一定的逻辑关系，如因果关系，目的与手段的关系等。制作标题时要注意把这种逻辑关系正确清楚地表现出来。主题的分行要自然，便于阅读。

（二）新闻标题的功能

1. 提示新闻内容

新闻标题以最精练的文字将新闻中最重要、最新鲜的内容提示给读者。

2. 评价新闻内容

标题不但能简明扼要地介绍新闻内容，而且能够代表编辑部评价新闻内容。一则好的新闻标题具有鲜明的思想性，不仅能向读者提示新闻内容，还能帮助读者理解新闻内容的性质和意义。

标题对新闻内容的评价方法有很多，如通过对新闻事实的选择进行评价；通过把新闻事实安排到标题中的不同位置进行评价；通过对新闻事实直接发表议论进行评价；通过特定的叙事方式进行评价。

3. 吸引读者阅读新闻

制作标题时，不仅要注意通过标题评价和向读者提示新闻事实，还要善于用优美的形式去吸引读者阅读新闻。因此，标题表现形式优美，也是吸引读者阅读不可忽视的一方面。

4. 组织和美化版面

标题不仅能够提示、评价新闻的重要和新鲜的内容，吸引读者阅读新闻，还能把内容相近的稿件组织在一起，使版面变得有秩序，从而具有美化报纸版面的功能。

（三）新闻标题的制作程序与要求

1. 制作程序

新闻标题的制作一般都要经过读稿、命意、立言、修整四个步骤。

（1）读稿

精心阅读稿件，这是制作标题的第一步。认真阅读导语及全文，提炼出最重要、最新鲜的内容。

（2）命意

命意是对标题内容的酝酿与构思过程，目的是在通读原稿的基础上，把新闻中最具有新闻价值和社会意义的事实提炼出来。

（3）立言

把命意阶段已经确定的标题的内容和表现方式用适当的文字表达出来。标题立言要注意力求深入浅出、通俗易懂、生动引人。

（4）修整

修整是制作新闻标题的最后一个程序，也是必不可少的一个程序。只要时间允许，编辑应对标题进行仔细推敲。

2. 制作要求

新闻标题制作要题文一致、突出精华、准确鲜明、言简意明、易读易懂、生动活泼。

（1）题文一致

新闻标题必须与新闻内容相一致。这种一致性包括两方面含义：即标题所提示的事实，要与新闻内容一致；标题中的论断在新闻中要有充分依据。

（2）突出精华

一是将新闻中的精彩部分作为标题的写作内容，即将新闻中最具有新闻价值和社会意义的事实写在标题之中。二是将标题所写内容的精彩部分放在主题之中。

（3）准确鲜明

新闻要准确地宣传马克思主义，宣传党的各项方针政策，所以新闻标题须切实做到表意准确、表态鲜明。

（4）言简意明

简洁明快的标题，读者一瞥就能了解其中的意思，且容易接受。要使标题简洁明快，应做到：善于省略，锤炼语言，善于利用标题之间的关联性。

（5）易读易懂

标题文字应生动易懂，少用古字、方言、技术术语等，避免造成阅读及理解障碍。

（6）生动活泼

标题要把新闻中的精华告诉读者，还应讲究生动性，以优美的形式吸引读者。巧用富有表现力的事物表现标题的内容，如比喻、比拟、借代。巧用诗词佳句或模仿句式格调表现标题内容，如引用、仿拟。利用词语、语句之间的各种联系，表现标题的内容，如对比、对偶、排比、拈边、反复、联珠。巧用词语的多重含义来表现新闻内容，如双关、反语。巧用提问和呼唤的方式表现标题内容，如设问、呼告。

（四）新闻标题的创新

1. 标题新闻的出现

标题新闻也称为一句话新闻，是介于标题与简讯之间的一种新型的新闻体裁，用标题形式对新闻事实做简要报道，是一种脱离新闻独立存在的标题。标题新闻具有以下特点。

（1）形式多样

标题新闻的结构，可以用单一式，也可用复合式，是标题形式而非文章，制作原理与制作标题的原理一样。

（2）信息量大

标题新闻信息量大、内容丰富、言简意赅。既可用于政治、经济、外事等硬新闻，又能用于文化、体育等软新闻。

（3）版面位置灵活自由

可集纳数条标题新闻组或一个专栏，也可让一条标题新闻独立存在；根据编辑意图它可置于版面的任何部位，以体现编辑的思想和态度，同时又可活跃版面，增加版面的美感。

2. 符号标题的发展

现在越来越多的新闻工作者认识到符号标题在标题立意上的作用不可小视，认识到它在传播信息中具有独特的表情达意的功能。现在符号标题也由过去多用标点符号制作标题，发展到广泛运用其他符号制作标题。

3. 大标题的创新

大标题又称通栏题、横幅等，居于一个版面最显著的位置，突出强调某个时期的中心工作与指导思想，往往以口号形式单独出现，有很强的指导性和宣传鼓动性。现在的大标题除这一形式外，还可以集纳同一类稿，或报道同一领域的新闻，创造了“大标题 + 提要题 + 标题群”的组合形式，对受众形成了强烈的视觉冲击。

4. 提要标题的突破

提要标题原是提示新闻要点的文字，其位置放在新闻标题与正文之间，一般用在内容较重要、篇幅较长的新闻中，以帮助受众快速了解新闻的实质。现在提要标题在内容和形式上都打破了常规。内容上它超越了仅只提示新闻中最主要、最核心文字的局限。形式上变单一为多样化，它既可置于题后文前，又可放在总标题的上方或引题位置，还可置于正文中间。而提要标题与主题直接构成的新标题形式，突破了过去提要标题单独处理的常规做法，现今广泛应用于除评论以外的各新闻品种和文章之中。

5. 长标题、厚标题的复兴

长标题（包括长题短文式）、厚标题（包括厚题薄文式）在旧中国的报纸就出现过，20 世纪 90 年代以来这几种标题形式越来越多，形成了一股潮流。

其优势之一是便于读者快速阅读，读者能用较少的时间获得较多的信息，同时也便于编辑部评述自己的观点和态度，加深读者印象。其优势之二是长题短文、厚题薄文与大中型稿件互相配合、交相辉映，可以使版面生动活泼、多姿多彩。受众喜闻乐见自然好，可是这种标题又存在着一个明显的弱点，即标题一长往往容易与导语重复。

6. 力求“轰动效应”

各媒体为“抢”受众，在标题制作上力求制造“轰动效应”，或言人所未言，或出人意料、让人震惊。

7. 追求“视觉效果”

视觉效果在新闻标题中的作用非同小可，不仅可大大提高可读性和趣味性，还是当下报纸、广播和电视新闻竞争的最有效武器。标题的视觉效果可以多角度、多视点、多侧面、全方位地展开。

（五）提高新闻标题的写作水平

1. 新闻标题要用语简练、概括事实

（1）用语简练

标题是表明文章内容的简短语言，新闻是新近发生的事实的报道，篇幅一般不长。因此，题目更求措辞精练。但精练并非无限制地压缩文字，而要以概括文章的内容为前提。如标题“奥运会第一枚金牌由我夺得”，若改为“我夺得金牌一块”，首枚金牌的特点和意义就无法突出。

（2）概括事实

新闻常以导语的形式来概括事件的主要内容和中心意义，语言简明。标题也用来概括新闻的主要事实。可见标题的概括性更高，因此受众仅阅读标题就能获得许多信息。如“美挑战者号航天飞机升空后爆炸”，这一题目清晰展示了航天史上这一大灾难的发生国、灾难主体、灾难发生的基本情况等众多内容。

2. 新闻标题的修辞手法

比喻——用现实生活中具体的、浅显的、熟知的事物来说明和描写那些抽象的、深奥的、生疏的内容。

比拟——把事物当作人来描写。

借代——改换名称，不直接把人或事物的名称说出来，而用一个跟它有关系的另一种事物的名称来代替。

引用——把诗词佳句、成语、俗语等写入标题之中，用来叙事、抒情或议论。

仿拟——模仿现在的句子格调，创造一种意义相反或相近、相似的词句，以取得讽刺、幽默的修辞效果。

对比——或称对照，是把两个相反相对的事物或一个事物的相反、相对的两方面放在一起加以叙述，突出标题中对比的内容，使其更为鲜明。

对偶——选用字数相等、词性相当、结构相同或相近的两个语句表达相关或相反的内容。

排比——把两个或三个以上的结构相似的词句排在一起，表达同一性质、同一范围的内容，使整个标题铿锵有力，气势磅礴。

拈连——利用上下文的联系，巧妙地将适用于甲事物的词用于乙事物的一种修辞方法。

反复——把同一词语反复陈述，以突出内容、加强语气。

双关——用同一词语关顾两种不同的事物，产生“言在此而意在彼”的效果。

反语——有意将反话正说，或将正话反说，具有幽默、风趣的特点，通常用于讽刺揭露。

设问——在行文中故作无疑之问。有的作答，有的不作答。

呼告——撇开读者，直接对第三者说话。

3. 新闻标题的写作要点

（1）标出事实

标出事实，也就是标题要标明此篇消息要报道的是什么事，直截了当，开门见山。这是消息中最常见的标题，因为消息大多直接报道新闻事实。这样做的好处是，读者看了标题就知道文中要讲的内容是什么，进而对要不要阅读这篇消息，做出判断。报纸多做这样的消息标题，也符合“让标题醒目突出、让篇幅短小精悍”的新闻规律，从而在有限的版面上尽可能多地传播读者关心的信息。

（2）标出主题

标出主题，就是标明消息想要说明的主题思想是什么，记者想要通过消息告诉读者什么观点。

（3）标出导向

新闻是有其阶级性的，也就是说有其政治倾向性，这一点是不争的事实。无论是在西方资本主义国家，还是在社会主义国家，代表一定政治集团利益的媒体在新闻传播过程中都会体现一定的政治倾向。我们的党报在对内宣传中也不例外，应该明确告诉读者自己的用意和导向。

（4）标出焦点

标出焦点，就是在标题上标明读者最关心的新闻核心。这个核心可能是一个观点，也可能是一个现象或结果。

（5）标出状态

新闻的发生总有其时间状态和空间状态，消息标题应当尽量标出这种状态，给人一种立体感，以便告诉读者“已经怎么样了”。

（6）标出形象

作为新闻消息的标题，在准确简练的基础上，应当尽量做到生动形象。

（7）标出结果

有的消息只要标明新闻事实或新闻事件就可以了，而有的消息需要标明所报道新闻事件的发展结果，这样才能收到应有的宣传效果。

（8）标出数字

一些消息标题需要以数字显示其新闻性和可以量化的成果及成效。

（9）标出悬念

有些消息还在标题上直接设立问题或悬念，进而吸引读者，使他们看过正文才能明白结论如何。

二、消息头

消息头是消息体裁独有的外在标志，消息头包括电头和本报讯（或本站讯等）。

新闻通讯社总是以“×× 社 × 地 × 月 × 日电”为消息头，来表明电讯稿发出的单位、地点和时间，它的表现方式是加括号或用显著字体标出，置于稿件开头。新闻通讯社的消息头主要以电报、电传、电话等方式发稿，故称作电头。在我国，电头目前有新华通讯社的电头和中国新闻社的电头。例如，新华社北京 10 月 30 日电；中新社北京 10 月 30 日电。

“本报讯”（或本站讯）指“本报消息”“本网站消息”，标志着稿件是由本报社或本网站自己的记者或通讯员采写的稿件。如果是外埠采访、外地寄稿，须标明发稿的地点、时间，写为“本报 × 地 × 月 × 日专讯（或专电）”。

电头和本报讯的作用在于表明新闻稿的发出单位，以示承担责任，接受社会监督；消息头注有发稿的地点、时间，以说明新闻的来源、时效。不过，有无消息头并非消息的绝对标志。有些消息，如某些描写性消息，也不一定都加消息头。不同国家、不同媒体，其做法也不尽相同。

三、导语

（一）导语的特点

导语在消息中不仅有提示新闻内容的作用，还有利于激发受众兴趣和调动其思维积极性，犹如一把开启受众的“金钥匙”。一般来说，好的导语都具备以下三个特点。

1. 精炼，有概括性

导语只是新闻的提要，并不是消息的全部内容。因此，导语要切中消息的重点，语言要精练、概括，不能拖泥带水，不能泛泛而谈。那种占用篇幅和时间，交代新闻背景和随意发挥的做法，都是不可取的。如果说标题是新闻消息的“眼睛”，那么导语就是其面向受众的“窗口”。记者要抓住新闻的中心，以简洁的语言撰写导语。

2. 启发，能吸引受众

不管是受众关心的热点问题，还是社会上存在的难点问题，作为新闻工作者都有责任引导受众正视这些问题。因此，报道的新闻，其导语设计应有针对性和启发性。“针对性”是指导语的内容要正视问题，不要回避矛盾；“启发性”是指导语要善于引发受众思考，有启示作用。

3. 灵活，不拘一格

导语不仅要概括新闻的内容，还要紧紧扣住受众。这就需要记者在尊重新闻的真实性和客观性的前提下，讲究灵活多样的报道方式，导语也不例外。实际操作中，可以变换一个视角，找准导语的切入点；从受众心理需求入手，适当运用对比、比喻、拟人等修辞手法，烘托气氛。有人提出的导语“散文化”，就是这个道理。

（二）导语的类型

消息的导语写法虽然千变万化，又无一成不变的格式，但是，由于消息报道的题材、立意、角度和表达手法等各有不同，导语也有不同的类型。在中外一些新闻学著作中，消息的导语写法一般分为两大类型。

一类是直接性导语。这类导语的写作是直接叙述已经发生或正在发展变化中的事实。其写作的特点是开门见山，简明扼要地突出最新鲜、最重要的事实或最有新闻价值的内容。对此类导语再细分，又有以下三种：

1. 单元素导语

单元素导语，即导语中只表述一个新闻事实。它应当是消息中最新鲜、最有新闻价值的核心事实，这是按照报道的内容而定的。有的新闻学又将其称为单要素导语。这是按新闻五要素来区分的。单要素导语有如下几种：

①何人导语。这种导语一般来说，只在突出报道显要或影响大的新闻人物时才采用。因为这些人从事的活动，比一般人做的事情更能引起读者的关注。有时，使用这种导语的另一种情况是，读者对报道的事件产生或带来的后果所关心的程度超过了事件的起因。

②何事导语。一般说来，当新闻事实本身的重要性或影响力超过了其他新闻要素时，应当用这种导语。

③何时导语。当读者关心的事情是什么时候会发生或进行时，可用此种导语。

④何地导语。当报道一些重要或有特殊意义的地方发生重大变化时，常用此种导语。

⑤为什么导语。当报道一个事件的起因，比报道其后果更能引起人们的关注时，可用这种导语。

2. 多元素导语

这种导语里包括两个或两个以上的新闻事实，或者说两个或两个以上的新闻要素。它一般要写出“何事”或“何人”在“何时”“何地”发生的两个什么事。

3. 归纳型导语

这种导语中包括的内容较多，为了避免写得庞杂和冗长，常用简练的语言把诸多内容归纳起来，概括成一个报道主题来统领全篇。

另一类是延缓性导语，又称为间接性导语，多用于时间性不太强的消息写作中。此类导语不直接叙述新闻主要的事实，而是通过种种手法迂回地引导。

其一，描绘一个场面。对事情发展的高潮、事物的某一侧面或某个特定的场景等，做出简洁质朴又具有特色的描写，用来渲染烘托一种气氛。其二，写出一个情节。其三，提出一个问题。在导语里设置一个尖锐、鲜明的问题，引起读者去关注和思考。其四，设置一个悬念。

在直接性导语和延缓性导语之外，还有一类复合型导语。这类导语是指消息开头，由两个甚至两个以上的自然段组成，包含着报道的两层意思。在这类复合型导语中，第一自然段之后的第二自然段，又称为次导语或准导语。

（三）导语的表现形式

新闻导语按照其表现形式，大体可分为硬式导语、软式导语、复合导语等几种，由于其表现形式不同，因而在写作上所运用的手法也不同。

1. 硬式导语

所谓“硬式导语”，是指那些“六要素”导语、归纳式导语等比较规范直观的导语，它常被用在动态消息，政策性强、内容单一的短消息以及突发事件等新闻当中。

这一类导语开门见山，把最重要的信息首先传递给读者，满足受众渴望获得信息的需要，是最常用的导语表现形式。硬式导语在写作手法上突出写实，用词凝练、笔法简约，很少会有带有作者强烈感情色彩的词句。

硬式导语曾被前人奉为新闻导语写作的典范，然而由于具有局限性，它容易使文章呆板、苍白、缺乏趣味性，最后陷入“千篇一律”的格式里，因此，软式导语也就应运而生了。

2. 软式导语

软式导语其实是与硬式导语相对而言的，它由于形式多样、写作方式灵活而被新闻工作者广泛使用。

软式导语常以描写式、仿写式、反问式、悬念式、隐喻式、引语式、背景式等表现形式出现，其中以描写、抒情、说明手法最为常见。

描写型的软式导语多用一些散文的笔法，构思巧妙、结构松散，或以写景、或以写人、或以一个故事为开头。它不是对全部新闻事实的概括，而是从富于趣味性的吸引点为开头，用几个轻松的段落组成一个富有戏剧性的开头，以吸引读者的注意。

描写型导语的突出特征就是使读者一开始就感受到某种强烈的现场气氛，产生如临其境的现场感。软式导语与硬式导语相比，硬式导语开门见山，而软式导语则更加含蓄，表达方式更为曲折委婉，多用藏头露尾的方式。

3. 复合式导语

复合式导语是兼具硬式导语的准确性、客观性、快捷性和软式导语的可读性、可视性、可听性、感人性等特点的一种导语。目前比较流行的“流线型”导语就属于复合式导语的一种表现形式。

（四）个性化导语写作手法

1. 导语日趋个性化

从事新闻行业的工作者，对导语在新闻写作中的地位，都有一个基本认识，那就是导语在新闻作品中是最重要、最精彩的，是文章的精华、路标和广告。导语写得出奇斗巧、勾魂摄魄，就能紧紧抓住读者，使其穿门入户，通阅全文；导语写“砸”了，整个文章也就没戏了。正因为如此，许多名记大腕对导语的写作极为讲究，常常绞尽脑汁、冥思苦想，有的甚至翻来覆去、几易其稿，唯恐自己写的导语没有个性、落入俗套，大有“语不惊人死不休”的架势。

可是，一些新闻稿件的导语写作并不尽如人意，让人读着起劲、爱不释手的导语越来越少了。塞满眼际的，大多是一些形式单一、结构老套的模式化导语，要么是“某月某日在某地发生某事”的传统写法，要么是“……这是某部为某做法采取的又一举措”等陈词滥调，枯燥、乏味、呆板，缺少新意，令人生厌。

出现这种现象，有写作技巧的问题，也有对导语写作的认识问题。在新闻要素的认识上，有人认为五个“W”应俱全；在新闻事实的选择上，有人认为应将所有事实都浓缩于导语中。带着这些框框写导语，必然会像套公式一样，有的像“晒衣绳”上的衣服，一件件地挂出来，不分主次；有的千篇一律，缺少个性，写出的都是司空见惯的“大路货”。

应该看到，导语作用的多样化，决定了它有时是为了突出新闻事实的新闻价值，有时却是为了吸引读者通阅全篇。从新闻价值上看，它并不一定是均匀地体现在新闻的诸要素上，也不一定非要平衡地体现在新闻事实的方方面面。它既可体现在新闻事实上，又可体现在主题思想上；既可体现在新闻的所有要素中，又可体现在某一个或几个要素中；既可体现新闻事实的全过程，又可体现新闻事实的某些关键环节。从引导作用看，它吸引读者的地方，可能是新闻的主体，也可能是某些局部情节，甚至可能是某一瞬间。从传播事业的发展前景看，受众对新闻内容和形式的选择呈现出多样化趋势，要求导语写作应更富有个性。实践证明，传统新闻写作理论，已越来越难以满足受众对导语的个性化需求，需要不断开掘导语写作的空间，满足受众的个性化需求。

2. 从角度选择上求新

“横看成岭侧成峰。”同样一个单位，同样一个人物，同样一个事件，不同记者会有不同的观察分析角度。即使同一个记者，如果从不同角度去观察，也会产生不同的主观倾向，选择不同的新闻素材，提炼出不同的新闻主题，采用不同的表达方式，写出不同价值、不同内容、不同思想、不同形式的导语。因此，能不能写出一条个性化导语，很重要的是看能不能选择一个最有新意、最能揭示新闻价值的角度。

（1）选择最能反映本质特点的角度

每一个新闻事实，都有许多观察角度；但并非每一个观察角度，都能写出个性化的导语。只有选择那些最能反映事物本质特点的角度，才能客观揭示新闻事实的内在规律，写出富有新意和吸引力的导语。一些新闻导语之所以出现雷同、一般化的现象，很大原因就是没能发现事物的个性，没能抓住事物的本质特点。只有抓住事物的本质特点，导语才会富有新意。

需要指出的是，提倡在角度选择上追求个性化，并不是单纯为选角度而选角度，而是为了更好地揭示事物内在的本质特点。如果不顾事物的本来面貌，甚至不惜歪曲事实，这种角度选择得再巧妙，也没有任何意义。

（2）选择最能反映时代特征的角度

任何新事物的产生和发展，都会与当时的社会背景，人们的思想观念、价值取向、行为方式等产生必然联系，会不可避免地打上厚重的时代烙印。要写出富有个性的导语，就要善于捕捉和发现那些最能反映时代特征的新闻事实，选择最能展现时代风貌的角度，以此解决社会变革中遇到的矛盾和问题。

“文章合为时而著，诗歌合为事而作。”要使新闻导语具有浓厚的时代特点，就要时刻注视党的路线方针政策，注意用上级的指示精神去衡量新闻事实，选择报道面。另外，要时刻关注人民群众普遍关心的问题，因为这些问题本身就带有浓厚的时代痕迹，很可能就是社会矛盾的综合反映；矛盾的特殊性，也决定了它很可能是宣传党的路线方针政策的最佳切入点，选择这样的角度采写稿件，其针对性会更强一些。当然，这里所说的角度，是指新闻事实本身所固有的，能够反映新闻事实本来面貌的角度；如果单纯为选角度而选角度，把某种八竿子打不着的精神硬往新闻事实上贴，就可能歪曲新闻事实的本意，最终即使勉强贴在了一起，也可能使宣传效果大打折扣。

（3）选择最有新意的角度

导语的新意，不仅体现在时间概念上，还体现在新闻的内容上。也就是说，报道的内容，只有在许多读者事先并不知晓甚至连想都想不到的情况下才有新意；有些新闻信息，尽管已被人知晓或很容易被人预料到，但如果能从中选择出不被人知晓或出人意料的信息，同样也具有新意。实践证明，新意是衡量新闻价值大小的一条标准，也是最具诱惑力、最能吸引读者的重要因素。只要能选择出最具新意的角度，写出的导语就容易出新。

许多记者、通讯员感到，会议新闻很难出新。这主要是因为，大多数会议的内容已被人熟知或已预料到，缺少悬念；会议的形式也很单调，大多是固定的程序。但如果我们撇开这些，能用独特的眼光去发现一些不为人所知、不为人所想到的事情，同样可以出新。

（4）选择受众最关心的角度

每一个新闻媒体都有自己特定的受众群。要写出富有个性的导语，必须坚持“三贴近”原则，努力反映广大新闻受众最为关心的问题，特别是要反映与大家切身利益密切相关的问题，很好地满足受众的求新心理、求近心理和得益心理。从这个角度出发，就能轻而易举地把读者的注意力吸引过来。

（5）选择最能切中要害、最能说明问题的角度

选择导语的写作角度，既要善于观察，又要善于思考。观察的环节，在于收集素材；思考的环节，在于整合素材。能否将必要的素材收集到手，反映了一名记者获取新闻信息的能力；能否将素材整合好，更是一名记者业务素质的综合反映。我们经常会看到，许多记者同时去采访同一件新闻，看的是同样的事实，听的是同样的介绍，写出的稿子却截然不同，有的不加选择，只是按照事情的发生过程，将事实被动地叙述一遍；有的却按照主题思想的表达需要，大胆取舍，整合自如。这里的区别，主要发生在思考的环节。比如有一篇消息的导语这样写道：“出了事故的没被处理，没出事故的受了处分。这是某防化团在防事故工作中出现的两个‘怪’现象。”为何会出现这样的情况，原来出事故的属于正常驾驶，事故责任完全在对方；没出事故的，属违章驾驶，潜伏着很大的事故隐患。稿件提醒部队不要一出事故，就大惊小怪，要将主要精力放在分析事故原因、引以为戒上，引导读者抓住防事故的关键，走出防事故的误区。稿件主题思想较为鲜明，原因就在于作者将两个性质不同的关联事件放在一起报道，找到了一个最能说明问题的切入点。

由此可见，选择最能切中要害、最能说明问题的角度，就是要善于将具有强烈反差的事实与事实、背景与事实、原因与结果等矛盾的对立面结合在一起去思考、去表达，因为这个角度是矛盾最集中、最突出的地方，也是最

能帮助读者认识事物本质的地方。从这个角度报道，会对读者产生强烈的震撼力和冲击力，能收到事半功倍的效果。

（6）选择读者知识水平最易接受的角度

报道的新闻事实，有些是读者熟悉的，有些是读者比较陌生的。特别是医疗、科技题材的报道，往往技术性强、专业词汇多，从专业角度报道很难被读者接受，因此，要注意选择读者知识水平最易接受的角度。导语写作要想接近读者，就要多从他们感兴趣的地方去考虑。

作为新闻工作者，要当好广大新闻受众的良师益友，就应努力使新闻成为他们在政治上、思想上、工作上和生活上的可靠向导，使新闻宣传通俗化，让专业人士看得懂，让非专业人士看得明白。

（7）选择最富人情味的角度

一般说来，富有感染力的导语，大多是个性化较强的导语；大众化导语，很难引起读者思想和感情上的共鸣。作为记者、通讯员，在进行导语写作时，要注意发现那些人情味较浓的感人细节，捕捉容易激发人们思想感情的精彩瞬间。在这一方面，许多新闻工作者做了有益的探索，收到了较好的宣传效果。

四、主体

（一）主体的概念

主体，又称新闻躯干。从结构上看，它是导语之后的那一部分；从内容上看，它是新闻的主干和中心，是新闻中用典型生动的事实展开导语内容、表现全篇中心思想的一个重要部分。主体的写作应注意下列几点：层次清晰，环环紧扣；以叙述为主，用事实说话；通俗易懂，生动感人；简短凝练，寓意深远。

（二）主体的结构形式

1. 并列式

几个段落之间的关系是平行的，彼此之间无交叉重复，但都围绕一个中心，也就是开头提出的中心观点。

2. 递进式

几个段落之间的关系是不断深化的，呈现出从表面到本质的逐步递进的关系。整体结构遵循“是什么”“为什么”“怎么办”的思维规律。对于单一事件式的结构布局采用这种形式是合适的。

（三）主体的结构顺序

1. 时间顺序

时间顺序就是根据事实的前后次序排列层次，亦即按时间顺序步步推进，层层深入，使读者对事件的全过程有明晰完整的印象。这种按时间顺序的写法，可以顺叙，即由远及近；也可以倒叙，即由近及远。

用倒叙的写法，往往可以引人入胜。但在倒叙中往往也有顺序，顺叙中又有追叙，因此写作时一定要注意衔接自然，不要跳跃过大，使人觉得突兀。

2. 逻辑顺序

它是根据事物的内在联系、问题的逻辑层次来安排主体结构的，或是根据主次关系、因果关系、并列关系、点面关系，等等。写作时可并列提出几个问题，一一加以阐述；也可围绕主题，层层展开，有如剥笋，步步深入。

主次关系，即先把主要的、重要的事实或问题写在前面，然后再叙述次要的事实或问题，以突出重点。因果关系，先摆出事实或问题，然后再阐述产生这一事实或问题的原因。

并列关系，即从主体开始，各层次之间的关系是相对独立的、平等的，为同一个主题服务。

3. 时间顺序与逻辑顺序相结合

消息写作中主体结构的安排常常交叉使用时间顺序和逻辑顺序，这样做便于安排材料，既能把事实叙述清晰，又能把事物各个方面的逻辑联系讲清，更好地为主体服务。

五、背景

（一）新闻背景的概念

新闻背景是指对新闻事实起作用的历史情况或现实环境，它是说明主体新闻事实的社会环境、历史沿革、自然概括、人物经历、数据知识等内容的材料。

背景是在时空上延伸了的场景。只要需要，导语、主体、结尾等任何地方都可以放置背景材料。合理运用新闻背景是保障新闻报道全面性、完整性和深刻性的重要途径。

（二）新闻背景的分类

按照写作手法的不同，新闻背景可以分为以下三类：

1. 对比性背景材料

作者在报道某一新闻事实时，为了突出其性质、特点及意义，运用今—昔—今、正—反—正的思路，把新闻事实的历史形态或相反情况做一定的介绍，这些与新闻事实形成明显对照的材料，就是对比性背景材料。

2. 说明性背景材料

说明性背景材料，即对新闻人物或新闻事件的政治背景、地理环境、历史演变以及其他情况做介绍和交代，用以说明影响事物形成的各种因素，揭示事物变化的意义。

3. 注释性背景材料

注释性背景材料，即对概念、术语、著名历史事件和人物以及有关科学知识进行解释的文字，包括叙述人物的出身、经历，介绍产品的性能、特色，注释专用术语和技术知识等。

这样的背景材料不仅能使新闻事实更加完整清晰，还能开阔读者的眼界，扩大读者的知识面。

（三）背景材料运用的原则

鲁迅先生曾说："删夷枝叶的人，决定得不到花果。"花儿失去提供营养的枝叶，必定是要枯萎的，没有绿叶扶持、映衬的花也谈不上艳丽，新闻报道也是如此。任何一条新闻都是在一定的环境和历史条件下形成的。因此，要正确反映新闻事实，常常就需要介绍与新闻事实有关的背景。

一件非常有价值的新闻事件并没有收到应有的宣传效果，其根本原因在于记者采访不够深入，没有对新闻事件进行全面的了解；新闻采访时，缺乏对新闻背景材料应有的挖掘，没有掌握足够的新闻素材。背景材料的运用应遵循以下原则。

一是必不可少。有一些新闻，意思很清楚，无须烦冗的解说，就不必说明背景。不必要的背景一定不要写，必要的也一定不要省。写作中要精选、巧用，不得盲目塞入，更不要游离于新闻整体之外。

二是简要、精练。新闻，本来就应惜墨如金，新闻背景更要精上加精。一句话能说明问题的，绝对不用两句；能穿插使用的，绝不要列一个背景段。力求做到简约、凝练，陪衬得当，不宜过长过多，切忌喧宾夺主。

三是自然顺畅。新闻背景的穿插要自然顺畅、合乎逻辑。在新闻的导语、主题、结尾、标题中都可以使用新闻背景。背景运用得好，可使新闻满纸生辉。

六、结尾

（一）结尾的概念

结尾，是新闻的最后一句话或最后一段话。好的结尾，是主体部分的自然延伸或归结，它常与导语相呼应。它的作用是结束全文，加强主题的表达，加深受众对新闻的感受，使内容得以升华。

（二）结尾的类型

结尾被称为永恒的印象。对于许多作者来说，结尾同报道的开头一样重要，遗憾的是，许多读者不会读到结尾。下面来介绍几种新闻的结尾方法。

1. 意尽则止式结尾

这种结尾从表面上看好像还没有写完，其实事物已有了结局，即在恰到好处的地方收笔。

2. 循环式结尾

形象地说，循环式结尾是以一种绕圈子的方式返回导语以求获取一个想法的结尾方法。

3. 用引语结尾

特定报道和硬新闻最普遍的结尾样式是使用引语结尾。寻找一条能够总结报道主题或主要观点的引语，当用一句引语作为结尾时，把消息源放在引语之前，当用两句引语作为结尾时，消息源就放在第一句引语后面。

4. 用高潮结尾

这种类型的结尾常出现在悬疑小说的写作手法中，让读者把悬念一直带到小说的结尾。这种结尾更适合叙述式的特写报道或者那种在一开始就抓住读者并驱使读者找出真相的短新闻，它能被用在金字塔结构的报道中。

5. 用未来行动结尾

用未来行动结尾，即新闻报道以一个事件的下一步发展情况来结尾，这种方法只有在报道本身具备未来发展动向的情况下才有效。如果下一步对于追踪报道至关重要，那么它在报道主体中的位置应该更靠前，但是如果它以自然结论的方式起作用的话，它就可以成为结尾，它可以采用陈述的形式也可以采用引语的形式。

6. 用事实结尾

用事实结尾，即以强有力的事实陈述来结尾，它们有时可取代导语。它比引语结尾更难写，但是如果处理得好，会给读者强有力的震撼。

7. 感情激射式结尾

这种结尾的特点是包含了情感，以情感激射读者。它以含蓄、深沉、热情、委婉的手法运笔，令人深思。

8. 用悬念结尾

用悬念结尾的方法较为普遍，尤其经常用在连载的系列追踪报道中，这一技巧也能用在分节式报道中彰显魅力，每一小节的结尾都设置一个悬念，这样就会迫使读者继续阅读下去，它的吸引力就是：“下一步将会发生什么？”

9. 燃气用完式结尾

这个方法适合于硬新闻报道，即在没话可说时结尾。

10. 启发式结尾

这种结尾形式是在结尾时交代作者的感受和态度，或者表示作者的希望，让读者明确方向，唤起联想，加深印象。

此外，还有叙述式、点题式、反问式、广告式等多种结尾方式，但不论采用哪种形式结尾，都要力求新颖、生动、风趣、别致，或者耐人寻味、发人深、激人奋进、动之以情、画龙点睛、总结全文。

（三）结尾应遵循的原则

1. 紧扣主题，切忌漫无边际

不少记者、通讯员认为，稿子写到最后该好好“发挥”一下。这一发挥，可不得了：天南地北，不着边际。为结尾而结尾，表面上写得花里胡哨，实际上离题万里，让读者摸不着头脑。稿子的结构具有完整性、统一性，应把结尾作为结构的有机组成部分，使其在文章中发挥应有的作用，而不应将其游离于稿子之外，变成“独立王国”，其结果必然形成“稿子是稿子，结尾是结尾”的难堪局面。在结尾写作中，一定要把结尾纳入文章的整体结构通篇考虑，无论是内容，还是形式，都应与稿子的整体保持一致，与稿子的其他部分一起，为表现主题思想增砖添瓦。

2. 增添信息，切忌重复絮叨

一些稿件之所以败在结尾上，很多是因为结尾重复絮叨、毫无新意，要么对前文进行概括总结，要么对前文中的某一新闻事实进行再叙述。稿件中每一部分有每一部分的功能，每一部分有每一部分的作用。结尾也是一样，应结合它在稿件中所处的地位和作用，精心设置其内容和形式，确保结尾能提供更多的新闻信息，帮助读者对稿件的新闻价值有更深刻的认识。

3. 顺势而行，切忌节外生枝

不管是根据时间的推移，还是按照空间的转换，每篇稿子都有其内在的叙述线索，都会通过起承转合、起伏呼应，展现新闻事实间的内在逻辑关系，有的先抑后扬，有的先扬后抑，有的平铺直叙，有的跌宕起伏。作为结构内容的结尾，应沿着稿件的表达线索，顺势而行，该抑则抑，该扬则扬。要防止为结尾而结尾，即正文写正文，结尾写结尾，出现前后“两张皮”的局面。

4. 遒劲有力，切忌拖泥带水

简洁明快，是结尾写作的一个基本要求。有的作者稿子写到最后，突然“文思泉涌”，于是东拉西扯，势必冲淡主题；有的写到最后，感到主要任务已完成了，就草草收笔；还有的不注意选材，故事本来已经讲完了，可又像拍电视连续剧似的写起了“续集”，影响了稿件的表达效果。结尾应按照稿件的叙述节奏，简要明了、遒劲有力地完成，不能拖泥带水、没完没了。

第六章　平面媒体新闻写作

平面媒体，是指以纸张为载体、通过单一的视觉维度来发布信息的媒体，包括报纸、杂志等，是传统媒体中的“长子”。通过视觉、听觉来多维度传递信息的“立体媒体”兴起后，平面媒体遭遇到越来越大的挑战，但平面媒体新闻凭借其公信力、思想性与权威性，仍旧具有突出的优势。本章所讲述的平面媒体新闻写作，主要涉及消息写作、特稿写作和深度报道写作。

第一节　消息写作

一、消息的含义及特点

消息是以最直接、最简练的方式迅速及时地报道新近发生的新闻事实的一种体裁，是新闻体裁中的一大类别。它有如下几个特征：一是报道的方式直接，篇幅简短；二是报道的时间快；三是报道的内容新，而且是事实。一个完整的事实由五个“W”和一个“H”构成。

消息的特点依据消息的含义而来，可以用实、快、新、短四个字概括。

实，是指它的内容是事实，真实、实在。

快，是指报道时间同事实的发生、发现时间两者之间的时差最小，距离最短。

新，是指消息报道的事实都是新鲜的，是最近发生或发现的。

短，是指消息的字数一般都比较少，篇幅很短。

二、消息的种类

消息的类型多种多样，研究者们常从不同角度来对它进行分类。

按新闻所反映事件的性质划分，有事件性新闻和非事件性新闻两种。事件性新闻是指对新近发生的一个事件的报道，时间性很强。常见的类型有动态消息、特写性消息等。非事件性新闻是指与事件性新闻相对的新闻，报道的是一个阶段持续发展的事物。常见的类型有综合消息、经验性消息、述评性消息等。

按报道内容划分，有政治新闻、经济新闻、科技新闻、军事新闻、体育新闻、教育新闻、文艺新闻、社会新闻、气象新闻等。

按新闻媒体划分，有文字消息（报刊）、广播消息、电视消息等。

按篇幅长短划分，有长消息（1000 字左右）、短消息（500 字以内）、简讯（200 以内）等。

三、消息的结构形式

消息的结构，指写作中材料选择、段落安排的特定方式与方法。消息的结构形式，即作者对已过滤的新闻材料进行总体性安排或布局的方式。消息的结构形式一般分为四种。

（一）倒金字塔式

倒金字塔式也称“倒三角”结构，是消息写作中最常用的一种结构方式。它以事实的重要性程度或受众关心程度依次递减的次序，先主后次地安排消息中各项事实内容，犹如倒置的金字塔或倒置的三角形。它多用于事件性新闻。

倒金字塔式结构是一种头重脚轻式的结构，它的主要特点：它把最重要的材料放在篇首，把最不重要的材料放在篇末，从导语至结尾按重要性程度递减的顺序来组织安排新闻材料，因此打破了记叙事件的常规；导语说出主要事实，一开头就抓住读者，因此最具新闻特征；它按重要性程度来安排材料，决定段落层次的顺序，常呈现为“重要”“次重要”“次要”“更次要”“补充”“进一步交代性材料”的顺序，因此段落层次清楚；它的导语常是直叙型的部分要素导语，包含了最重要的事实，又往往具有相对独立性，可独立成章，变成“简明新闻”或“一句话新闻”，因此便于编写阅读。其缺点是开头和主体部分内容易重复。

（二）时间顺序式

时间顺序式又叫编年体结构，也有人将其称为金字塔式结构，其实这样称呼并不准确。

时间顺序式结构通常不一定有单独的导语，往往按时间顺序来组织材料，安排段落，先发生的放在前面，后发生的放在后面。这种结构条理清晰、现场感强，且很适合写那些故事性强、以情节取胜的新闻，尤其适合写现场目击记。其缺点：开头平铺直叙，进入新闻事实慢，难以一下子吸引受众；消息的精华也可能淹没在长篇的叙述之中。

（三）悬念式

悬念式通常在消息开头设置悬念，使受众逐渐增加对事件的兴趣，最后形成高潮。因其材料的趣味性从导语至结尾递增，故又名积累兴趣式。它尤其强调将最精彩的、出人意料的材料置于消息结尾。特点是开头就吊住读者胃口，叙事条理清楚，重点内容突出。西方通行的《华尔街日报》体是这一结构方式的成功运用。

（四）并列式

并列式又称并蒂式、双搭式、集纳式等。它是指安排两个或两个以上相互独立又有内在联系的材料和段落，为同一个主题服务的消息结构形式。每一个事实都是并列关系，即段与段之间都是并列关系。不存在总与分、主与次、因与果的关系，各层次相对独立、平等。

此结构通常把新闻中最重要的事实概括到导语中，然后将多项须并列出示的内容以提要形式，用数字程序一一分列出来。有时也可不用数字标示，而用“——”引出各个要点。

此外还有对比结构，此种结构重在通过对比，揭示差异，从而突出新闻主题；自由式结构，又称为散文式结构，即用散文手法来写消息，形散而神不散，表现手法不拘一格，有自由式、沙漏式等。

四、各类消息写作

（一）动态消息

动态消息是对新近发生或变动中的新闻事实，做出及时报道的消息类型。它是新闻报道“排行榜”上常常居前、报道量最大的消息体裁，即新闻传媒中最常用、最基本的报道形式，是最具新闻特征的新闻体裁。

动态消息以变动着的事物为报道对象，它所报道的范围相当广泛，大至震惊世界的头等新闻，小至人们日常生产、工作和生活中刚刚出现的有意义的新鲜事情。

动态消息的特点：一是内容单一，一事一报，突出事实的主要之点和新鲜之点；二是概括事实，语言简洁、表达直接；三是篇幅简短，一般三五百字，长的一千多字；四是时效性很强，多为当日新闻。

动态消息的写作要点如下：

1.“抓活鱼”“抢火候”，出手要快

写动态消息，要争分夺秒，以最快的速度把新闻报道出去。这样，它所报道的事实就鲜活，人们称之为“活鱼”。“活鱼”与时间快慢密切相关。快，就赶上了“火候”；慢，便失去了“火候”，也就削弱了新闻的时效性。例如，1997年7月1日香港回归中国，无论国外还是国内新闻传媒，都是用动态消息当日发出的，没有一家媒体是隔日才报道的。

2. 多用动词，写出动态感

动词是写出事物具有动态感最重要的词汇。美联社在语法和用词的规定中，要求记者“牢记一个句子中至少应有一个实体动词，这个词应该是句子中最重要的词”，并要求记者“尽量少用”形容词。这是因为动词具体、明确，能准确而形象地描绘出事物的动态。而形容词、副词等，往往比较抽象、空泛。如体育比赛，用“赢了对方”不如用“击败对方”好。当然，该用形容词、副词的地方，还是要用，不要“因噎废食”。

3. 多表现，少陈述

动态消息主要是表现事实，只有把事实的要素交代清楚，受众才会领会这条新闻。有的新闻需要解释，则应写成别的消息样式。如果动态消息一解释，文字就会增多，进而冲淡动态感和进行时态。所以动态消息的写作应像列夫·托尔斯泰在解释自己的名著《战争与和平》时所说的那样：“我不去陈述，不去解释。我只是去表现，让我的主人公们替我说话。”

（二）简讯

简讯又称短讯、简明新闻，本质上属于动态消息。它是以最经济的文字，简明扼要地报道新闻事实的消息类型。它不追求完整的结构，主要告诉受众发生、发现或做了什么事。

简讯同动态消息相比，其特点有如下几点。一是篇幅更短，一般只有一两百字，或数十字。用一句话报道一件事，叫“标题新闻”或“一句话新闻”。二是报道时间更快，它以最快的速度将一件事的简要情况及时报道出来，正因为如此，一些报道重大突发性事件的短讯又称作“快讯”。在“快讯”中使用的时间总是“今天”，有时还加上“几时、几分”。三是事实的要素（“5W+H”）不全，一条简讯中，一两个或三四个要素即可构成一条新闻。如“京九铁路于 1996 年 9 月 1 日正式通车”，只有“何时”“何事”两个要素。

简讯的作用：一是有利于快速发出新闻；二是有利于拓宽报道面，增加新闻信息量；三是多方面满足受众对新闻的需求，且节省时间。新闻媒体经常把若干简讯按不同内容归类发布，标为“一组简讯”或“新闻集锦”。

简讯写作应注意到下列几点：一是抓重点，重点放在“何事”上，无论哪条简讯，“何事”不能省略；二是抓要点，简讯是一条新闻的高度浓缩，只把主要事情突出出来，不必用背景材料加以说明；三是要提供最新信息，凡是其他传媒已报道的新闻，一般不宜作为简讯发出；四是用直接叙述的方式，语言干净利落。

（三）综合消息

综合消息是围绕一个主题，通过对一定时间或一定空间内的诸多事实、情况的综合而写出来的消息类型。它在内容上比动态消息报道的面要广，因而篇幅比动态消息长些。这类消息，既有点的具体事实，又有面的一般情况，点面结合、叙议结合，使报道既有广度又有深度，会给人留下比较完整的印象，有较强的思想性和指导性。

综合消息是中国共产党党报的一种传统的消息体裁，它为 1925 年 6 月 4 日创刊的《热血日报》所创造。当时正值“五卅”运动高潮，为了揭露帝国主义的反动本质，《热血日报》创刊号集中了各处的诸多事实，在头版重要位置刊载了题为《外国军队到处横行》的消息。

综合消息的特点：一是事实的综合性，由诸多事实、情况组合起来，成为一篇“组织性新闻”；二是表达的综合性，它集叙述、描写、议论于一身；三是在时间要求上，除了对突发性事件所做的综合报道时间性较强外，一般说来综合消息的时间性不如动态消息那样强。这是因为记者要用较长时间搜集材料、观察生活，并对客观情况进行分析比较。

综合消息的类型，按空间、时间条件划分，有横向综合和纵向综合两种。横向综合是指在一定的空间条件下，把不同地区、部门、单位发生的同类事件或问题加以综合报道，以反映全貌，即把发生在不同地点的同类事情组织在一条消息中。纵向综合是指将在一段时间内发生、发展、变化的诸多新闻，按进程组织起来的综合报道，同样反映全貌，即把发生在不同时间的同类事情组织在一条消息中。

综合消息的作用是十分明显的。人们通过它可以纵观空间广阔的事物发展规模，一览纷纭复杂的事物变动态势，从而获得对全局比较清楚的认识。所以，它是宣传形势、阐明政策、介绍全貌和推动中心工作不可缺少的一种报道形式，也是编辑用来综合来稿，以扩大报道面和提高来稿利用率的一种手段。

综合消息的写作要点如下：

1. 纵览全局定主题

综合消息不是一事一报，反映的内容比较丰富，所反映的新闻事实发生的地点、时间也不同，范围较为广泛，因此要写好综合消息就必须善于分析概括出一个鲜明的主题。要做到这一点，首先要站在全局的高度来看待局部发生的变化，以分清材料的主次、轻重；其次要实事求是，不能盲目拔高主题，也不能以局部或依偶然性的现象来做出普遍性的结论；此外，对所占有的大量的庞杂的材料要概括出观点，经过比较和对应，再确定主题，这样才好围绕主题选材。

2. 点面结合用材料

综合消息一般由“点”的材料和“面”的材料构成。所以在写作时，一定要把观点（主题）、“点”的材料和“面”的材料三者有机结合起来。这样，才能使综合消息所报道的事实既有广度，又有深度，既全面完整，又具有说服力。

应当指出，“点”的材料应典型、具体、有特点，“面”的材料要概括得全面、简练，符合事物的本来面貌；这种“面”的材料，从本质上讲仍然是事实，只不过是概括的事实。“点”和“面”的关系不是“两张皮”，而是大江波涛（“面”）涌现出来的浪花（“点”）。

3. 表现手法求多样

综合消息的写作难度较大，它要求记者具备较强的新闻写作能力，在行文时能调动各种表现手段。除了用点面结合的写法外，还常常用对比衬托、夹叙夹议、现场描写、引语代叙等多种表现手法。这样，综合消息才能严整而活泛。

（四）经验性消息

经验性消息是我国独有的消息类型。它是对新近出现的有代表性和含有普遍意义的典型经验的报道。也就是说，经验性消息是用新闻的形式来反映某地、某单位贯彻执行党的路线、方针和政策在某一方面取得成功经验和明显效果的一种消息体裁。它属于新闻宣传中“典型报道”的一种形式。

经验性消息的特点是具有明显的典型性、概括性和指导性。它通过叙述情况，交代做法和效果，总结出有益的经验，给人们的工作、学习、生活以启迪和指导。因此，它要在“如何”上做文章。表述时以介绍经验为主线，寓经验于事实之中。为了说明问题，要适当交代有关情况和成绩，提供必要的背景材料。篇幅上，如果写一条经验，则应短；如果写几条经验，则应稍长。

经验性消息有的同介绍工作的“工作通讯”相似，但它比“工作通讯”篇幅短，时效性强；有的同“综合消息”相仿，但它比“综合消息”的内容更典型、单一；有的类似“新闻调查”，但它比“新闻调查”的内容更集中，更突出重点。

经验性消息的写作要点如下：

1. 把经验当新闻写

经验性消息与业务、行政、党务部门介绍的先进经验在做法上有所不同。这些部门是要告诉本部门本系统的员工，如何仿效先进单位或个人的经验来改进和做好自己的具体工作，因而往往会不厌其详地介绍许多具体的经验和做法，甚至包括诸多情节在内。而经验性消息是把先进经验当作一桩新闻来告诉受众。要做到这点，就要对所报道的经验加以认真筛选：选取新鲜的能给人以启迪作用的经验；选取具有普遍意义的、比较成熟的典型经验；选取那些针对性强、能解决当前实际问题的经验；选取经验中的主要方面加以突出，不宜面面俱到。

2. 用事实表述经验

新闻写作是用事实说话，写经验性消息同样如此。这里有事实与经验，即具体与抽象的矛盾。经验往往比较概括、抽象，这就需要用事实来印证。要使经验被受众所接受，就得用具体事实来体现经过概括的抽象化了的经验。通过事实提出问题和解决问题，受众真正看到经验之所在，才能从事实中获得启发，接受道理，同意消息中所得出的结论和提出的观点。无论是从一般到个别（从经验到事实），或是从个别到一般（从事实到经验），都需要有具体事实做依托和说明。要把经验写得具体实在，使人看得见、摸得着、学得到，这才是用事实来表述经验。

3. 表述经验要交代效果

经验性消息仅仅介绍几条经验和措施是不够的，一般应交代这项工作的具体成绩和效果。例如，是推动了工作还是促进了发展；是提高了产量、质量，还是增加了产值或产品品种；是扭亏为盈、改变了落后面貌，还是降低了成本和消耗，取得了新的成就等。有了具体效果，经验才具有可靠性和可信性，报道才有说服力和吸引力。

经验性消息中交代效果在布局上没有定规，可以先写效果后写做法；也可以先写做法后交代效果；还可以把效果分别穿插在叙述做法之中。一般来说，在介绍具体做法时，分别交代效果的情况较多，但在导语中先要有一个概括性的“做法与效果”显示，使之符合消息写作的特点。

（五）述评性消息

述评性消息是一种边叙边评的报道，是一种介于新闻报道与新闻评论之间的消息类型。一般以报道国内外重大新闻事件或具有普遍意义的新闻事件为主，通过对事实的报道和评论来揭示其本质意义。它又称为新闻述评或解释性消息，属于深度报道的一种形式。

述评性消息的任务是既报道新闻，又解释新闻。具体讲，就是在报道新闻的同时，依据新闻事实来分析事态，研究动向，揭示事件的意义，帮助受众加深对新闻的认识和理解。因此，述评性消息具有明显的倾向性和导向性。

述评性消息的特点是夹叙夹评、观点鲜明。它和一般新闻报道的本质是相通的，都必须提供事实，传播信息，具有新闻性。主要区别在于：一般新闻报道主要是客观地报告事实，用事实发表无形的意见；而述评性消息却有作者的见解、看法，用事实发表有形的意见。

述评性消息与新闻评论不同，表现在下列几个方面。

一是议论的目的不同。述评性消息是“就事论事”，即依据事实并对事实本身进行分析、解剖，重在体现，不在论证；它不像新闻评论那样以议论为主要手段，运用逻辑论证的手法进行说理。而新闻评论是“就事论理”，即依托新闻事实借题目做文章，它可以离开新闻事件去评说与新闻事件相关的社会现象、社会问题，或阐明一种道理，借以表明作者的立场观点，理论色彩浓。二是时间要求不同。述评性消息同一般消息一样讲求时间性，报道要迅速及时。而新闻评论除为新闻配发的短评外，一般在时间要求上稍为宽松些。三是篇幅上有差别。述评性消息的篇幅较之新闻评论（短评除外）要短些，它一般有七八百字，长的也不过千把字。而新闻评论常常是两三千字。尽管有以上三点区别，但有时述评性消息与新闻评论也有融合的情况。

此外，述评性消息按其内容划分，大致有四种类型，即形势述评、事态述评、工作述评和思想述评。

述评性消息的写作要点如下：

1. 要知道什么新闻宜于写述评性消息

有些事实比较单一，其意义不言自明。对这样的报道题材，只写成一般消息交代清楚事实就行了。但是，有些复杂的事实，包括带有普遍性、倾向性、与党和人民的利益密切相关的重大事件及疑难问题，其症结和意义却隐藏在表面现象的背后，对这样的事实不进行必要的评说，受众就无法了解其作用和意义，甚至会对这一事实感到困惑不解，产生这样或那样的误解。凡此类新闻，以写述评性消息为宜。具体讲，下列报道题材可写述评性消息：

其一，报道党和国家一项新的方针、政策或措施的贯彻执行，不仅有必要向受众解释这项新的方针、政策或措施的主要内容和实施范围，有时还应向受众解释清楚为什么要制定这样的政策或措施，尽可能讲出一点新的道理。其二，重大的新闻事件，除了及时发布动态消息外，为了揭示这一事件的意义，帮助受众了解其前因后果，有时也需要写一条述评性消息，使传媒对这一事件的报道更加充分和深入。其三，报道重大的科学技术成果，可视情况写述评性消息。如高尖技术的发明创造，讲清它的性能、作用和意义，可使受众更容易理解。其四，经济领域和其他社会生活中出现的影响较大，又涉及广大群众切身利益的新情况、新问题等，拟写成述评性消息为好。比如，将与群众生活息息相关的粮食、住房等由计划经济体制变为市场经济体制，及时写成解释性报道，可避免在群众中引起不必要的误解或波动。

2. 显示一定的理论色彩

消息不仅要报道事实，还要有些理论色彩，这样新闻宣传的作用就大，述评性消息就能够达到这个要求。这是因为，述评性消息有夹叙夹议的特点，它通过依附于事实的议论和理论上的说明，能传输一些道理，让受众理解新闻的真正含义，获得一定的理性认识。述评性消息是使新闻增添理论色彩的一种较为合适的消息体裁。要做到消息有理论色彩，还要站在一定的理论高度，高屋建瓴地分析和评说新闻事实，把它写深、写透、写活。

3. 把握述与评的分量，做到两者的统一

述评性消息的述与评，并不是等量齐观、平分秋色的。两者之间的关系：述为主，评为辅，述的分量要大，评的分量相对要小，不然的话，就成了新闻评论。不过，述也要按消息的特点概括写，不宜详细展开；评也要评到点子上，不可过于延伸。把握住这个分寸，消息就会简洁而有力。

述与评结合是述评性消息的基本写作方法。具体运用时，可以有多种多样的形式，视行文需要，可先叙后议，也可先议后叙，还可夹叙夹议。不管哪种形式，都要用观点统帅事实，使观点与材料之间有内在的逻辑联系，即述与评的统一。

（六）人物消息

人物消息又称人物新闻。它是以消息形式迅速报道新近出现的新闻人物的突出事迹或某项活动的新闻体裁。所谓“新闻人物”，是指近期引起社会广泛注意的人物，或者是重大新闻里涉及的主要人物。

过去消息分类把人物消息归入经验性消息或动态消息之中，现它已独立出来，成为新闻传媒常用的一种报道形式。

人物消息的特点如下：

一是所报道的人物是新闻人物，其事迹或活动有一定的新闻价值，即鲜为人知，事迹感人。

二是篇幅短小，叙事单一。一条人物消息一般不到1000字，往往是截取人物的事迹或活动的片段来表述，因此所述之事有故事性而情节不复杂。

三是人与事的关系是以人率事、以事显人，所写之事为表现人物服务。这一点与事件性新闻不同，事件性新闻以事件为中心展开报道，而人物新闻则以人物为中心展开报道。

四是时效性强，所表述的内容必须是“现在进行时”或“现在完成时”。它同动态消息一样要求快写快发。

人物消息与人物通讯虽然都是写人，但其写作特点与要求却有不同之处。其一，人物消息的写作不像人物通讯那样强调情节、结构和语言上的艺术感染力。它的容量不如人物通讯大，时效性比人物通讯更强，更侧重在“新”字上做文章。人物通讯可以比较全面、生动地反映一个人的事迹及其发展成长过程；人物消息则往往是写人物事迹中最闪光的一两个片段，写新鲜而又有特点的生动事例，并且用简洁概括的语言将它表达出来。其二，写人物消息比写人物通讯更加要求中心突出，主题单一而集中。在表达上，人物消息偏重于用叙述、描写的手法；而人物通讯则可以灵活运用叙述、描写、抒情、议论等多种表现手法。

人物消息与人物通讯、人物特写的区分也不是绝对的、死板的。有的专家也经常将有些人物消息当作小通讯、小故事看待；也有把人物消息当作人物特写看待，如著名的人物消息《共产党员刘胡兰慷慨就义》，用的是特写手法，故有的教科书把这条消息归入特写性消息范畴。

人物消息的写作要点如下：

1. 反映时代精神——有新意

新闻是时代进程的记录，人物消息亦应如此。它所报道的人物的业绩、事迹及其思想，要反映出一种时代精神。何谓时代精神？就是符合时代发展、表现时代特征的思想行为、道德风尚及其内在的力量。人物消息通过对新闻人物的报道，使受众感到时代脉搏的跳动和时代的气息，并促进时代的发展。人物消息反映时代精神，尤其要显示其新意，即新闻人物的业绩和精神风貌不同于以往的新闻人物。

例如，获首届“中国新闻奖”一等奖的人物消息《宫峰学成博士乐当“炉前工”》，报道的是一个博士生自愿走与工农相结合的道路，乐意当炼铁厂的“炉前工”的事迹。走与工农相结合的道路，虽是老主题，但此报道却赋予了新意，“新”在不像过去是为了改造思想，而是为了如宫峰所说的：“一补对工人阶级的认识课，二补社会实践课。”没有这两个补课，这位博士生是不会很快取得那么多科研成果的。

2. 寻找新闻根据——求“近”点

有的新闻人物的出现有个渐进过程，如经济、科技、社会生活等方面的人物的事迹，需要有较长时间的日积月累，只有出现了“质”的飞跃，记者发现了他，才能写成人物消息。这类新闻人物的事迹一般属于非事件性新闻。记者在报道时，就要寻找时间的切近点，使人感到是新闻。在写作时应以记者或人们新近发现的时间为契机，或寻找新闻根据来以新代旧。这样，所报道的人物新闻就会使人感到有新鲜感，这也符合消息报道的要求。

3. 叙述基本事实——宜概括

人物消息要叙述基本事实，即这个人做了什么和怎样做的，但又不能展开，那就要用概括的方法写出事实的全貌。这里既有自然情况，如年龄、职业、身份，又有典型事迹。报道时要两者融为一体，用简练的文字表述出来，这样才符合消息写作的特点。

4. 选取典型事例——抓特点

由于消息受篇幅的限制，写人物消息只能选取一两个典型事例或侧面，来显示人物的特点。

5. 再现现场情景——用特写

人物消息的写作比较灵活，既可以概述，又可以描述，还可以用多种表现手法刻画人物。如果是事件性新闻，报道人物的事迹要再现场景时，最好用特写手法集中而突出地写，这样既能缩短篇幅，又能给人以鲜明的形象感。

（七）公告新闻

公告新闻又称新闻公报或公报式新闻。它是一种极其严肃的、有权威性的官方新闻体裁。一般是在这样的情况下才发布公告新闻：遇到国内外最重要的影响最大的新闻事件，党和国家召开重要会议，党和国家领导发表重要讲话、下达重要文件、作出重大决定等。

公告新闻包括文件、公报、声明、答记者问、通牒等。它们一经进入新闻版面，就成了新闻单位的“声音”。它要加新闻标题、电头、导语，说明新闻来源或标示授权发表的机构；或者有新闻机构的“引导性语言”才能引出原文。它们经“新闻处理”，并用新闻手段传播后，便带有“新闻性质”，不完全等同于“公文照发”。这种经新闻处理后的公告新闻，不但权威性不减，而且传播范围更广，影响更大。

还有种情况是有些文件不能全部照登，或不需要照登，这就可以采用“文件摘引式新闻”的形式来处理。它的结构形式是“导语 + 提要（摘要）”。这种形式，在我国新闻传媒上经常出现。

公告新闻有两种形态：一是预告性公告新闻——对即将发生而且一定会发生的事实的预告；二是决策性公告新闻——对已经发生、决定了的重要事情的公告。

第二节　特稿写作

2003 年 6 月 19 日，《南方周末》第 25 版刊发了一篇名为《举重冠军之死》的文章，署名“南方周末记者李海鹏”。后来这篇稿件被视为中国报业史上第一篇真正意义上的特稿，而《南方周末》也自此开启了特稿的黄金时代。在此之前，中国新闻学教科书中，一直把这种报道体裁称为“通讯”，中国新闻奖的评选也是分为消息和通讯两种体裁。如今，无论是学界还是业界，都更倾向于使用“特稿”这一更具国际化的称谓。可见，特稿和通讯一样，是一种与消息不同的另一种新闻报道体裁，它是一种具有文学性和创造性的新闻报道体裁。

一、特稿与消息的比较

第一，消息注重的是报道新闻事件的核心要素，而特稿注重的是报道新闻事件的细节。

第二，消息注重的是报道新闻事件的最新动态，而特稿注重的是报道新闻事件的深层原因和相关影响。

第三，消息注重的是报道整体的新闻事件，而特稿注重的是报道新闻事件中的人物。

第四，消息有严格的结构框架，而特稿则有自由的表达风格。

第五，消息多用简洁概括的文字报道新闻，而特稿则多用文学手法报道新闻。

二、特稿发展的历史

特稿的起源可追溯至 20 世纪中叶的新新闻主义，但在普利策新闻奖里，为特稿设置奖项却是 1979 年的事。1963 年新新闻主义的代表人物汤姆·沃尔夫被一杂志派去写一篇关于特制汽车的报道，稿子是一篇长达 49 页的意识流印象记，标题为《橘片样的糖果色流线型娃娃》，完全不像是新闻的写法。他在另一篇纽约格林威治村女子监狱的报道中，开头一口气用了 40 个“啊”，来描写女子监狱关押的女囚犯向着窗外调戏路过的小伙子的情景。后来诺曼·梅勒、杜鲁门·卡波特、詹姆斯·鲍德温等人也加入进来，新闻小说就蔚为大观。汤姆·沃尔夫 1968 年完成的代表作《刺激酷爱迷幻考验》是此类报道的又一范例，书中记录了汤姆·沃尔夫与同伴真实的旅行过程，读来犹如短篇小说。

新新闻主义退潮后，其合理的成分被留下来，形成的就是特稿。特稿作为一种新闻体裁，它不能编造事实，但可以借鉴小说等文学技巧。以汤姆·沃尔夫为代表的新新闻主义，以及倡导性新闻学、调查性报道、精确新闻报道，都是在这一社会历史背景下崛起的。就像汤姆·沃尔夫坚信传统的新闻报道已无法真实展现错综复杂的社会一样，在这些新闻从业者看来，“客观性法则”往往因对事实细枝末节的过度关注和所谓的科学采编流程的局限而丢掉了真理和正义。

在普利策新闻奖的官方参选指南里，特稿奖项的说明是，“不是硬新闻，并且写作文笔质量极为出众。故事必须因其报道水平高、制作精良、具有创意、表达简洁而令人印象深刻。投稿内容可以是一篇重要故事，或者一组独立的故事作品集（展示作者的涉猎范围），抑或是同一主题的一组故事。自2015年起，杂志与网站也可参选此项”。

在中国，年轻的特稿写作者都受到汤姆·沃尔夫及其新新闻主义的影响，在先驱者《南方周末》内部，《普利策新闻奖（特稿卷）》常被用作范本。除《南方周末》外，《人物》杂志、中青报的《冰点周刊》也诞生出许多优秀的特稿记者和作品，如《悲情航班MU5210》《野马的故事》《系统》《回家》《无声的世界杯》等。不过，新闻文本中的文学传统由来已久，除了早期英国报业实践中明显的英国文学传统，那些曾做过记者的知名作家如海明威、马尔克斯等也都为这个行业带来了取之不竭的文学养分。在中国不同历史时期的报告文学和长篇通讯中，也都能找到与文学新闻共享的文本写作取向，从1930年代的左翼报告文学如《包身工》，到改革开放之初产生重大社会影响的《哥德巴赫猜想》《扬眉剑出鞘》，再到20世纪末期的《大国寡民》，无不如此。但报告文学终因其在真实性和文学性两方面的缺失而没能发扬光大。

中国真正意义上的特稿是从南方周末开始的，特稿的题材不强调硬度，截稿时限更宽松，通常不超过一万字。因其题材广泛、自由灵活，一段时间曾成为纸媒塑造口碑的妙方，而在纸媒渐渐衰落的如今，特稿的接力棒传到了《智族GQ》和《时尚先生》这类的时尚杂志手上，它们依靠着雄厚的财力维系着那份细嗅蔷薇的情怀。

近年来新闻界和文学界还有一个热门议题就是白俄罗斯作家阿列克谢耶维奇，她是第一位以文学新闻获诺贝尔文学奖的作家，她的非虚构作品有着明确的文学意图，是俄罗斯文学传统的一部分，也是冷战时期苏联新闻报道传统的一部分，无论《战争的非女性面孔》《锌皮娃娃兵》还是《切尔诺贝利的回忆：核灾难口述史》，作品的颠覆性都来自丰富的生活细节与制度之间的强烈张力。

三、特稿的任务

特稿的任务：一是向受众提供全新的新闻信息；二是展现新闻的现场情景和生动细节，让受众对新闻事件有身临其境的真切感受；三是对新闻的意义进行深入的解释。

《南方周末》的编辑叶伟民将特稿的选题标准归结为下列三大核心问题：

①从叙事角度审视故事的质地。包括情节的复杂度、冲突的激烈与否、人物形象的丰满度、可选择的叙述方法等。通俗地说，就是故事好不好看，带不带劲儿。

②故事背后是否指向一些公共性问题？特稿的基础是故事，但不是所有故事都能成为特稿。王宝强婚变再精彩绝伦，也只会是猎奇的宠儿。因为它没有公共性，也就是没有足够广的群体关联。什么是公共性问题？食品安全、环境污染、恶性犯罪、城乡二元差异等皆是。更形象地说，特稿故事应该是“花瓶状”，入口很窄，一旦进入，里面将足够辽阔。这也是特稿为什么反对宏大叙事的原因之一。

③是否折射一些终极意义？即在故事和问题以外，能否抵达更具哲学色彩、相对永恒的层面。如人性、正义、伦理、价值观、文明冲突、人类命运等。

四、特稿的操作技巧

（一）结构

倒叙、插叙的大量使用，可以容纳更丰富的信息——把一个连续的故事变成很多个前后衔接的故事。

《举重冠军之死》开头用了才力母亲的一个梦境，写出了人物孤独绝望的宿命感，奠定了整个文章的基调。正文用举重冠军才力临终前一天的时间为线索将其一生的经历和命运串联起来，纵式结构加多场景镜头的剪辑，使文章结构紧凑，呈现出立体感和画面感。结尾的“他们在最初的一段时间里都没有听懂这句话，就像被截断了一条肢体之后还以为它还在那里，很难相信自己已经失去了什么”，像一串省略号，给读者留有想象的空间，让时间静止，画面定格，它使报道中的压抑气氛更加浓郁，文章戛然而止，只留读者嗟叹扼腕。

（二）情节

事件始末通过情节而非传统新闻中的概要说明来呈现。运用叙事技巧表现出事件的冲突和悬念。

（三）细节

细节描写是情节的重要构成方式。观察、收集并且巧用“状态细节”。和写实小说一样结合诸如人物外貌、服饰、私人财物、肢体语言等细节描写，点明人物的社会阶层、个性、地位和社会环境。

在描写人物特征时，一个典型的面部表情就能让这个人物“活”起来。重要的细节常常蕴含着更值得重视的真实，会使事件看起来完全不一样。例如《无情戒毒术》，就是完全由细节组成的报道，唤起了读者人道主义的联想。

《举重冠军之死》中有一处细节：8 点半，全家开饭了，吃的是辣椒土豆片、炒鸡蛋、黄瓜蘸酱和米饭，刘成菊由于常年消化不良，只好吃 1 元钱 3 个的馒头，菜是才力的岳父刘敬玺昨天黄昏在菜市场临下市时买得便宜菜，一共花了 4 元 7 角。这些细节具体地展现了才力的穷困潦倒，极具画面感。

（四）对话

以对话代替叙述；在描写人物对话时，采用第三人称视角，即用无意的“旁听者”口吻述说人物对话内容。这种方式可以将想要表达的人物对话以更加戏剧的方式呈现出来，而不是像传统报道那样，惯用双引号。

（五）场景

将动作与场景联系起来。动作应该建构于具体的场景中，而场景是所有叙述性故事的重要元素。

（六）视角

通过事件中人物的视角而非旁观者的视角来陈述事件，要使报道深入且视角丰富，应该从正面、侧面多个角度切入。

《悲情航班 MU5210》第一部分“55 个人的最后 40 秒”用千余字极其详尽且多角度地描写了飞机从起飞到爆炸的 40 秒钟的情形，从处于飞机跑道的正前方、飞机起飞点的后方、飞机坠毁点南海公园以及第一现场 4 个不同方位的 5 个人的视角记录了这一悲剧事件的全过程，使得这短短的 40 秒变得尤为惊险丰富。

（七）文采

叙述角度的穿插（宏观与微观、形象与抽象）；节奏变化（舒缓与快速）；画面感、动感、现场感；正确的用词和陈述；其他文学性的表现等。

下面截取《车陷紫禁城》的一部分加以分析：

> 陶然亭的芦花，钓鱼台的柳影，西山的虫唱，玉泉的夜月，潭柘寺的钟声。在《故都的秋》中，郁达夫最怀念这些记忆。但这些闲情逸致对于今日北京人来说是非常奢侈的，如果崔钢林（一个出租车司机）在交通高峰期到这些地点去，那么他花费的时间将分别为两个小时、两个

小时、两个小时、两个小时、两个小时——去任何地方都需要两个小时。

——《车陷紫禁城》

作者随手拈来郁达夫散文中的美景，并将这些闲情逸致与堵车的焦虑放在一起进行对比。这样的重复对一般人来说是病句，但是放在堵车这个事儿上就特别贴切。因为车停在那儿本来就无事可做，特别无聊，这样的句式用在里面很特别。

这些看似多余的重复，写出了堵车时人的无聊和内心的焦灼。这些发散性的思维以及过人的洞察力，使很平常的事情在作者的笔下生机盎然。

正如美国学者沃尔特·福克斯在《新闻写作：报刊记者指南》中所说："上乘的新闻特稿是把细致的调查研究、事实的准确无误和生气勃勃、形象鲜活的写作融合在一起的。"

特稿作为一种非虚构写作，其文采主要体现在白描这种写作手法上。白描虽然是描写，但如果从形式上看，它与直接叙述没有很大的区别，它是直接叙述和描写的高度统一。白描概括了新闻语言准确、简洁、鲜明、生动的具体特点。2015 年 8 月 12 日，天津发生爆炸事故后，《中国青年报》记者张国的一篇《牺牲》在朋友圈刷了屏。张国在接受采访时说："《牺牲》打动人心靠的是白描，是事实本身的力量。我只想用最短的句子陈述尽可能丰富的故事。"

复旦大学新闻学院常务副院长俞振伟总结了李海鹏报道的三个亮点，这也是特稿写作的重点。一是立意高，绝大部分作品关注的都是改革发展进程中的难点和疑点，站在大局上深入剖析。二是采访深，通过扎实的采访和细腻的观察真实全面准确地记录事实，揭露真相。三是手法新，非常善于综合运用通讯、特写、报告文学等表现手法，在遵循事实规律的前提下，把文章写得好看、易读、有个性。

五、特稿的采访

前《南方周末》特稿编辑、记者叶伟民说，在出发前，特稿记者通常会阅读 10 万至 30 万字不等的材料，以确保对事件及其背景最大程度地通晓。有记者的采访清单，曾列出过 100 多个问题。采访时要尽可能多地收集细节信息，就如警察破案一般，得把地毯上的头发丝儿都考虑到。为了能够使用对话和细节再现场景，需要用不同的方式提问，以便获取足够的细节信息。既然打算重现事件，就需要提出能够描绘出全部图景的问题，需要得到关于颜色、声音、气味、形状、时间、地点、气候等方面的细节。

《人物》杂志副主编，原中青报的《冰点周刊》记者赵涵漠的笔下曾诞生过《永不抵达的列车》《地下室里的沈文裕》等特稿，以细腻深沉的力量打动人心。她说，在《冰点周刊》学到一种最重要的方法就是要用我的五官去采访，写出像3D纪录片一样具有画面感的特稿，不仅要告诉读者现场长什么样子，还要告诉他们闻起来是什么样子，摸上去是什么样子，这些都是非常有趣的信息。而采访的方法也是多样的，如《永不抵达的列车》里写了好多大家撤离时候的场景：

> 人们平静地坐在时速约为200公里的D301次列车里。夜晚已经来临，有人买了一份包括油焖大虾和番茄炒蛋的盒饭，有人正在用iPad玩“斗地主”，还有人喝下了一罐冰镇的喜力啤酒。
>
> ——《永不抵达的列车》

这些细节都来自财经网，财经网的记者进到车厢里拍了一组图片，从那个图片上会看到盒饭，所以可以把这个细节综合起来写上去，也就是说采访不只是问，也包括从网上获取资料和仔细观察。因此，建议记者在出去采访的时候，可以把一些场景用手机拍下来，回去可以仔细分析哪些细节有用。

《冰点周刊》的著名记者包丽敏在2006年写了一篇《无声的世界杯》。当时正值2006年世界杯，所有的报纸都要发关于世界杯的稿子，但是这一篇的角度是不一样的。

当时有一些农民工在广州盖一个高层，这个高层对面是一个夜总会，那里有一个很大的巨型屏幕，上面在播放世界杯，这些工人们就通过这种方式看世界杯。大家每天一到那个时间点就会坐在旁边马路上，因为那个屏幕是没有声音的，所以就有人摆收音机，这样能够实时地听解说。

> 那时，这个工地上60层的大楼正要封顶。水电工陶辉那几天连续加班，等到收工已是晚上9点半了。他顾不上冲洗，只是换上一双拖鞋，浑身汗水和着泥浆，就跑到大屏幕下，看下半场比赛。
>
> 事实上，陶辉在大楼54层加班时，就不时远远地瞅一眼这边的大屏幕。当镜头拉近时，他虽然看不清球员球衣上的号码，但能看到足球，“看到带球速度”。当镜头推远时，只能看到满屏的绿色。有一天，陶辉实在忍不住了，背着当班的监工偷偷跑到了大屏幕下。
>
> ——《无声的世界杯》

从上述截取的文章片段中可以看到，当时的细节就是细到这种程度。到底是在盖第几层大楼、收工的时候是几点、对面那个屏幕能看清吗？

通过这个故事能够看到社会的阶层其实是非常明显的，差异也是很鲜明的。有一些人在过那样的生活，有一些人在过这样的生活，但是他们都能通过世界杯这样一个重大的体育赛事，找到自己生活的乐趣。

特稿两个主要的选题方向就是新闻事件和新闻人物。通常将以报道新闻事件为主要内容的特稿称为新闻特稿，将以报道人物为主要内容的特稿称为人物特稿。

新闻特稿通常担负两个最为重要的任务：一是向读者提供对新闻事件详细过程的描述，帮助读者了解新闻事件的细节，让读者去切身感受新闻事件；二是向读者提供对新闻事件的深入的解释和分析，帮助读者去认识新闻事件的复杂性，让读者深刻地理解新闻事件。

六、新闻特稿的报道要点

核心事实：要掌握构成主体新闻的事实要素，这些事实构成新闻特稿的主体内容。新闻特稿必须清晰地描述这些核心事实。

发展历史：要全面了解新闻事件的发展进程。新闻特稿担负的重要任务之一就是描述新闻事件的发展历程。

生成原因：要说明新闻事件为什么会在这个时间和空间发生以及导致新闻发生的直接原因与间接原因是什么。

影响范围：要讲清新闻事件使什么人受到什么样的影响，揭示出事件对人们的生活产生的影响的形式、程度。

对立运动：要查明并讲清在新闻事件中相互对立的人们的行为与观点，以全面展示新闻事件的复杂性。

未来趋势：事态的发展趋向。

七、人物特稿

（一）人物特稿的报道对象

①英雄人物。在一定时期或地区，其事迹或思想观念能够代表时代潮流，反映时代精神的人物（或集体），如孔繁森、焦裕禄、李素丽等。

②新闻人物。一是与事件有关的焦点人物；二是有突出成就、贡献，或在自己所从事的行业中获得较大成就的人物，如企业家、人大代表、明星等。

③特色人物。在平凡的生活道路或追求中所体现出来的某种精神素质令人尊重或行为和观念异于传统和常规的人物。

《冰点周刊》是中国青年报1995年开办的一个专题特写版，理念是普通人占这个世界的99%，只有赢得平凡，才能赢得世界。因此它“更多地关注普通人的生存状态和想法”，首次将普通百姓的生活作为媒介新闻着力表现的对象，引起读者热烈的反响。其后，《冰点周刊》创造出一条以描述普通人的生活为基点，全面深刻地反映社会现实与变迁，讴歌真善美，抨击假丑恶的办刊新路。《冰点周刊》的报道被各地报刊大量转载，其中多篇被拍成电视专题片、电影和电视剧。《冰点周刊》的报道已被三家出版社精选成书，多所大学的新闻系已将其列为必读参考书。

④反面人物。违法犯罪人物，报道他们对社会有一种警示作用。

（二）人物特稿的结构方式

写作人物特稿的一个有效的结构框架就是“现在—过去—现在—将来”。

首先是把人物最新的情况告诉读者，这往往是引起读者阅读兴趣的最为有效的方法，也是揭示人物的新闻价值的最有效的方法。

接着可以展开对人物的报道，这时就要涉及人物的更为广阔的背景。无论是人物的童年，还是他的婚姻，无论是他接受的教育，还是他开创的事业，无论是他的成功，还是他的失败，人物人生经历中的各种故事都可以调用。这是让读者了解历史、了解由来、了解“为什么”的关键。

然后再回到现在，由于有了历史情况的铺垫，此时可以更深入地交代人物当前的情况，用更丰富的资料更深入地说明报道的主题。这个时候写人物“现在”的状况，与报道开始时不同，开始的“现在”是引子，此时的“现在”是骨干。

最后可以瞩目未来。诸如人物对未来的筹划，人物的生活和工作有可能发生的变化，等等。

（三）写作人物特稿需要考虑的内容要素

有新闻价值的人生经历：它既包括业绩、成就，又包括过失、罪恶。这是人物报道的骨干性素材，这些素材构成报道的核心内容，也是支撑报道主题的中心材料。

人生的关键时刻：作用于人生变化的重要转折点和关键之处。把握住人物人生经历中的这些关键时刻，就容易说明构成人物新闻价值的深层原因，并且会增强报道的可读性。

年龄与外貌：这会让人物生动起来，让人物在读者的眼前呈现出真实的形象。

背景：在人物报道中需要掌握与人物相关的各种背景资料。它既包括人物的家庭、亲友、喜好等，又包括人物在成长过程中的各种有意义并且能够引起受众兴趣的事情。

各方对人物的评价：注意收集不同角度、不同观点的评价，以便形成对人物全面的说明，增加报道的丰富性、客观性和生动性。

人物的未来：新闻人物的未来命运是读者十分关注的事情。人物对未来有什么设想？很快到来的改变会是什么？他目前的状况能够维持多久？这些信息对于人物报道都是重要的。

（四）再现人物个性形象的基本方法

第一，不要孤立地写主人公，而要善于恰当地写出主人公与他人的多种关系，甚至写出主人公的对立面。

第二，通过人物所处的自然环境与人物行为的联系，来揭示人物的思想、个性。采访中要注意观察人物工作、生活环境的独特之处，如独特的安排、布置、摆设、喜好物等，这些能间接体现人物个性。

第三，写出人物典型经历，透视人物思想个性的发展、形成和变化。人物典型经历主要涉及一生中印象最深的典型经历及其影响；对人物思想个性的形成产生决定性、转折性影响的重要经历。同时，也要不讳言人物个性中的“弱点”。

第四，结合行为运用恰当的心理描写，揭示人物的内心世界，心理描写不可过多，且应当是采访中获得的真实材料，绝不能虚构。

第五，不仅要着力写人物特别突出的行为，还要恰当地展示人物平时的言行，由此透视人物的个性基础。

第六，写出人物在特定情景中独特的行为方式，特别是行为方式的细节再现，行为方式的描写还包括人物工作、生活中的一些习惯性的行为等。

第三节　深度报道写作

深度报道包括解释性报道、调查性报道和分析性报道等。与一般的动态性新闻报道相比，它是一种较为全面、深入的新闻报道方式。它不仅仅是向受众交代所发生的新闻事实，更侧重于揭示、说明新闻事实的产生原因、发展过程，告诉广大受众新闻事实背后的新闻以及最后的结果，从而给人新的启示。

一、解释性报道写作

（一）解释性报道的含义

解释性报道又称解释性新闻、分析性报道，是运用背景材料来分析一个新闻事件的原因、意义、影响或预示发展趋势的一种新闻报道。侧重于说明新闻事实的来龙去脉，阐述事实发生的原因、结果以及相关事物之间的联系。

（二）解释性报道的特点

解释性报道的特点是，在报道新闻事实的同时，对其发生的原因进行深入的说明和解释，以使读者对事件发生的必然性有准确的把握。

（三）解释性报道的适用范围

解释性报道是一种做解释或者做分析的报道，它是一种给新闻加背景以揭示更深一层意义的报道。解释性报道适用的题材主要包括政党和国家颁布的重要方针、政策及举措；重要的科技成果；涉及公众切身利益的重大问题等。解释性报道能够帮助读者思考，加深读者对新闻事实的理解。

（四）解释性报道的写作要领

解释性报道不仅报道新闻，还着力于新闻事实的多方面解释。它必须在报道新闻事实的同时，运用多种类型的背景或其他相关材料，解释蕴含在新闻事实中的原因、结果、意义、性质，重心在解释。要想写好解释性报道，就需要掌握以下要领：

1. 抓住要害

解释性报道以抓住要害、攻其一点的方法求得主题集中。

解释性报道的任务是揭示新闻事件的本质，而本质总是藏在现象的深处，而且往往是多方面的。这就需要对多方面的因素做一番比较、分析，抓住最主要、最能揭示新闻本质、最受受众关注的一点，集中笔墨予以解释。

2. 用事实说话

用事实说话是新闻写作的基本方法，对解释性报道而言尤为重要。“解释”比“报道”带有更强的倾向性，因此也就更需要表达上的客观。越是客观，越是用事实说话，就越能令人信服，越易被人接受。但事实不能虚构，无论何种事实都必须是真实的，解释性报道的“生命”是由新闻的真实性和解释的真实性共同构成的。解释性事实必须和新闻事实有内在联系，这种联系越直接、越紧密，就越能揭示新闻的意义。

3. 理由充足

逻辑有一条规律，叫充足理由律。解释性报道总是要说明某种道理，其中也含有推理过程，其必然也要符合这一条规律。要想理由充足，就必须用背景事实和其他相关事实来支撑某一观点或道理，不可以以点代面，以偏概全。

4. 讲究方式

解释什么，不解释什么，用什么方法解释，要根据党和国家的方针、政策认真研究。有些可以明示，有些只能暗示。特别是涉及国际关系的，更要讲究方式、注意策略，既要达到揭示新闻本质的目的，又不能授人以柄。

5. 消除偏见

解释性报道有很强的倾向性，但并不是说可以主观地任意解释。新闻事件的本质、真相只有一个，它是客观的存在。倾向性的正确与否，说到底，就是是否敢于揭示新闻事件的本质，说明其真相。能揭示本质、说明真相的，是科学的解释，它所体现的是进步的倾向；歪曲事实、掩盖真相，则是错误的倾向。

（五）解释性报道写作的结构模式

“现象与问题—原因及答案—影响或趋势”，这是撰写解释性报道的一个有效的结构模式。

1. 现象与问题

从新闻现象、社会问题开始着笔，运用讲故事等技巧将社会问题故事化、情节化，对现象与问题加以描述，以引起读者的关注，调动读者的阅读兴趣。

2. 原因及答案

深入探讨出现这种社会现象的原因，探寻相关问题的答案。这是写作的重点，应该调动相关背景事实和专家意见，注意层次分明地加以阐释，为读者答疑解惑。在阐释原因时，务必注意不要只是用抽象的语言说教，而应该注意将有趣的材料适时补充进来，确保读者兴趣的延续。

3. 影响或趋势

最后可以着眼于事实的发展趋势及其影响，可以着重谈一下这种社会现象或问题的危害、影响、应对措施、发展趋向等内容。

二、调查性报道写作

（一）调查性报道的含义

调查性报道是对生活中某项工作、某个事件、某些情况进行调查研究后以书面形式写成的报道。调查性报道的材料要揭示运动发展规律，总结、推广党的各项方针政策的典型经验。

（二）调查性报道的分类

调查性报道按内容和功能可分为以下五类。

1. 关于社会情况的调查报道

这种调查报道重在反映社会生活各个方面、各条战线（政治、经济、军事、文化、思想、工业、农业、教育、卫生）的基本情况。可以总揽全局，从宏观方面写出较为详尽的报道，也可以从一条战线的某个方面微观地进行集中而深入的具体剖析。这类报道主要是为领导者、决策机关制定工作方针、政策、措施提供依据。

2. 关于典型经验的调查报道

这类调查报道主要是为了树立典型的榜样，集中总结并推广先进地区、先进单位、先进个人的典型经验。这类调查报道一般要写出经验产生的特定背景与条件、取得的成效以及现存的问题等。

3. 关于反映问题的调查报道

在现实生活中，既有表现光明面的成绩与创举，又无可回避地存在着哪怕是支流的却又是不容忽视的阴暗面的问题。这一类调查报道就是用来反映社会问题的。这类报道，有的是揭露生活中的阴暗面、消极因素；有的则是反映某个事件的真相，以期矫正视听。这类调查报道是为了引起人们对问题的重视，促使其采取切实有效的方法与步骤解决问题。

4. 关于历史情况的调查报道

虽然调查报道重在反映现实生活，但是有时为了满足某种特殊需要也需要对某些历史情况进行调查了解，写成调查报道。这类调查报道，有的是为现实生活和建设与发展提供有价值的参照和依据，有的是为了澄清历史是非，对某些重大的历史事件、历史问题重新进行调查，以了解事实真相，做出切实的结论。

5. 关于研究性的调查报道

这类调查报道可以分为工作研究和理论研究两种。前者着重于对某项工作的具体了解与综合分析；后者着重于问题产生原因等方面的理论探讨。

此外，学术研究还有专业性调查报道，如地质考察调查报道、考古发掘调查报道等，需要理论与实际相结合的研究与探讨。

（三）调查性报道的特点与写作要求

1. 调查性报道的特点

（1）针对性

调查性报道所反映的内容必须是现实生活中人们普遍关心、迫切需要解决的问题。其针对性越强，报道的分量就越重，发挥的作用也就越大。

（2）真实性

调查报道是客观事实的报道，必须以事论理，用事实揭示规律性的东西。

（3）典型性

调查报道通过对大量事实的介绍、分析、综合，总结出具有方向性的普遍经验，推动实际工作的开展。它选择的事实，必须具有典型性，能对现实生活发挥指导作用。

2. 调查性报道的写作要求

①必须进行深入、细致的调查研究，大量、详细地占有材料，做到既要掌握间接的材料，又要掌握直接的材料；既要了解现实材料，又要了解历史材料；既要了解正面的意见和材料，又要了解反面的意见和材料。占有材料越丰富、细致、全面，对提炼主题、精选材料就越有利。

②认真研究分析，找出规律性的东西。分析中，还要分清现象和本质，区别主流和支流，抓住主要矛盾，从而揭示出规律性的东西。

③必须做到材料和观点的统一，不得把材料和观点割裂，不能讲材料的时候没有观点，讲观点的时候没有材料，材料和观点应该是互相联系的。不要堆砌一大堆材料而不提出观点，不说明赞成什么，反对什么。材料不在多，能够说明问题就行，并且一定要用明确的观点去统率材料。

三、分析性报道写作

分析性报道中，有一种是直接预测其结果的，可称为结果预测式报道；还有一种只是大致分析事实发展的趋势走向，可称为走向分析式报道。

（一）预测结果式报道

1. 预测结果式报道的含义

预测结果式报道，或称预测性报道，顾名思义，它关注的是事物发展将会是何种结果，它是立足于新闻事实发展起来的一种新闻体裁。它报道的不是已经发生了的事实，而是对读者关心的新闻事件或新闻现象的变动趋势、发展前景进行的科学式的报道。

预测结果式报道算不算新闻，这是有争议的。原因在于它不是对“新近发生的事实”的报道。的确，与传统的新闻报道相比，它不是等事实发生后再报道，而是在事实发生前做预测；但它是基于已经存在的事实，通过对这些事实的分析，进一步揭示其发展走向的。归根结底，它是对发生过的事实的内蕴做深层透视，既扩展了新闻报道的领域，又符合新闻报道的基本要求。

2. 预测结果式报道的特点

（1）超前性

预测结果式报道的任务就是对将会发生的和可能发生的事实提前做出报道。从它发展的情况来看，预测的时间跨度越来越长了。比起预告式的新闻，它展望的时间长多了。一般来说，预告式新闻的发布时间不宜过于超前，距事实发生的时间早一至十余天不等；而预测结果或报道预测某方面的形势发展有的长达五年或十年，甚至一个世纪。

超前性不仅仅是指预测时间跨度之长，它还指对于某些尚难预料的事情提前提供给读者一种相当权威的参考答案，以得到读者的认同。

（2）引导性

预测结果式报道在告诉读者将发生什么的同时，实际也在引导着人们的行为指向。哪些发展是良性的，应提倡；哪些发展是恶性的，应避免。在经济领域中，通过对生产和消费的预测，人们可以知道哪种产品会越来越走俏，急需发展；哪种产品很快就会滞销，不可盲目发展。

预测结果式报道的引导作用具有很浓的权威色彩，它是以新闻的真实性为担保的。当预测的内容能满足真实性的要求时，这种引导就会产生积极的作用，反之，当预测的内容失真时，报告就会对人们的行为产生误导。

（3）探索性

预测结果式报道是科学的预测，是在对“已知”充分研究的基础上，探索事物的发展规律，来把握“未知”的。事物的发展充满了偶然性和必然性，只有必然性能够反映事物发展的本质联系和必然趋势。人们一旦探索到了事物发展的必然性，便能预见它的未来。从这个意义上说，预测就是探索的过程。我们调查研究某一事物昨天和今天的广度和深度，同预测这一事物明天发展趋势的准确度是成正比的。

当然，既然是预测，绝对的正确是难以保障的。事件的发展虽然是由必然性起决定作用的，但也不排除偶然性因素的干扰会改变发展的结局。所以，探索中也或多或少地含有或然性成分。

3. 预测结果式报道的写作要点

预测结果式报道以调查、研究、展望见长，在写作上应特别注意以下几点。

（1）以事实为依托展开分析，努力表明预测的依据

同所有其他新闻报道一样，预测结果式报道同样必须遵循“用事实说话”的报道原则。所以，在报道中，应当在可能的范围内提供支持预测结论的事实依据。这样才能使预测显得扎实可靠，令人信服。事实依据往往表现为数据、引言、实例、某种迹象，等等，要注意选择最能说明问题的典型材料展开分析。

（2）见微知著，透过现象把握事物的本质和发展趋势

预测性的报道之所以受人欢迎，是因为它比一般的见解要高一筹，看问题要比他人远出几步，当别人的视线被眼前浮云所遮时，预测性报道具有很强的穿透力，能道出真谛。

见微知著的本领当然不是一朝一夕的功夫就可以学到的，它是建立在记者长期观察、长年积累、长期研究的基础之上的。所以，不少预测性报道的分析预言，都出自权威人士之口。他们是某一领域内的研究专家，宏观在胸，微观在握，他们的预测，具有极高的可靠性。

（3）努力表明预测的权威性，增强报道的说服力

预测说到底是一种权威话语。只有当预测具有一定的权威性时，预测才能成立。从接受心理来看，越是具有权威性，预测的接受度就越高。预测性新闻的权威性，当然首先是来自对大量事实的科学分析。此外，努力在行文时加强预测话语的权威色彩，也是写作中一个重要的技术问题。

从根本上说，预测结果式报道可分为两种情况。一是他人预测，二是记

者预测。他人预测都应是权威人士的话语。正如天气预报应该来自气象局一样，这种报道表明权威性比较容易。在记者预测中，要想做到这一点，就应该在分析事实的过程中注意援引权威人士的意见，或者是表明资料数据出处源于专门机构。不论是他人预测还是记者援引权威意见，都应交代清楚预测者的身份、学术地位等背景性材料。

既不要用模棱两可的语言，又要注意留有余地，不把话说死。预测性报道的内容，毕竟不是既成的事实。不管预测的可靠性多大，智者千虑尚有一失，绝对准确很难做到。所以，预测性报道不能把话说得太绝，但是也不能因此就净说模棱两可的话，说甲乙丙丁都有可能性，张三李四都有可能赢。读者耐着性子读半天，结果还是一无所获。这样的预测等于没测。

预测性报道应用肯定性的口吻来表达。有时记者在预测中并不会把结论直接告诉读者，而是给读者某种提示。

（二）分析走向式报道

分析走向式报道，或称分析性新闻。它是在报道事实的基础上，通过记者的分析，帮助读者认清新闻事实的本质，并展望其未来的发展趋势。

1. 分析走向式报道的特点

（1）分析事物发展的内因求深度

这类报道总是深入分析事物运动的内部规律，努力探寻事物发展走向趋势。分析走向式报道与解释性报道有不少相同之处，它们都以新闻事实为依据，将新闻事实作为分析和解释的对象。但在解释和分析的时间取向上，解释性报道较多地停留在回顾事实形成的过程上，而分析走向式报道，则在对事物的成因做系统分析后，重在回答“此事的发展走向如何”“为什么会是这样而不是那样”等。以《经济日报》记者詹国枢等人采写的两篇（组）报道为例：一是就“特区怎样特下去”话题推出的一组报道，二是《开封缘何不“开封”？》。前者是分析走向式报道，后者是解释性报道。关于“特区怎样特下去”的报道，记者通过对特区的发展过程的总结与回顾，剖析特区人当时的失落感与焦灼感的由来，及特区面临的不可回避的种种困难与考验。以令人信服的理由回答了特区还能“特”下去和“特”下去的走向。《开封缘何不“开封”？》一文，则主要是针对开封在改革开放大潮中的落后状况做剖析。记者与开封干部群众一起摆事实、找根源，从以往开封的发展过程中列举出五大原因，准确地抓住了问题的实质。

（2）观照事物形成的外因求广度

按照辩证唯物主义的观点，内因是事物发展变化的根据，外因是变化的条件。一般来说，与内因比较，外因具有更多的不确定性。恩格斯曾说，“历史是这样创造的：最终的结果总是从许多单个的意志的相互冲突中产生出来的。而其中每一个意志，又是由于许多特殊的生活条件，才成为它所成为的那样。这样就有无数互相交错的力量，有无数个力的平行四边形，而由此就产生出一个总的结果，即历史事变，这个结果又可以看作一个作为整体的、不自觉地和不自主地起着作用的力量的产物”。分析性报道对影响事物发展的诸多外因往往逐个考察，分析它们所起的作用。特别是在动态过程中探寻“平行四边形”中各种力量的互相影响，充分估计事物发展中可能出现的不确定因素。正是因为这一点，分析走向式报道与预测结果式报道有所不同：预测结果式报道只是去分析判断将会发生什么事情，超前去了解事物发展的结果；分析走向式报道，注重揭示多种外在因素所能产生的作用力，大致展示事物朝哪个方向发展，对事物发展规律是一种更宏观的把握。

2. 分析走向式报道的写作要点

分析走向式报道是在对事物发展规律进行充分分析的基础上对其未来走向的一种宏观把握，其写作难点较大。表现在：①分析走向必须把握住事物发展的规律；②一定要以对已然的事实的分析为基础，得出事物发展的走向；③把握用语分寸，注意表述的准确。

四、报道领域的写作

（一）会议报道的写作

1. 会议新闻概述

（1）会议新闻的含义

会议新闻属于动态消息，有很强的时效性，但新闻讲究时效，并不意味着在没有认真思考的情况下就把重大事件匆匆忙忙地报道出来。

（2）会议新闻的写作要求

如何在很短的时间内抢发出一条精良的会议新闻，事实上要下的功夫不在会场内，而在会场外；不在会议后，而在会议前。善于从会议文件、发言、交谈、活动中，发现、挖掘出受众关心的有报道价值的新闻或新闻线索，是一项重要本领。西方国家的新闻媒体，也经常采取“以点触面”的报道方式，即以会议为突破口，全方位、多侧面地剖析重要会议，在会议中提取受众关心的内容。会议是新闻媒体和新闻报道中不可缺少的一个新闻源，同一切新闻一样，不是要不要报道，而是怎样做精、做细、做活、做好的问题。

2. 会议报道的创新

会议报道的创新，要把握好下列三个问题：

①把握好会议的权威性和指导性。有些法定的会议权威性很高、指导性很强，既是党和人民政治生活中的大事，又为今后或相当长的一个时期内的工作做了安排，这些会议不但要全面报道，而且要有战役报道或后续报道。

②把握好社会和公众需要的有价值信息。凡会必有主题，必有信息。要及时准确地将社会和公众欲知未知的有价值的信息传播出去，并成为群众工作、生产和生活的指南。

③把握好解决和待解决的突出问题。许多会议是为研究解决问题而召开的，记者不但要人入会，而且要心入会。要将会议解决的问题抓在手上、待解决的问题放在心上，除报道会议外，还要有序追踪。只有这样才能把党和群众普遍关心的大事，要事，热点、难点问题报道好、引导好。

3. 会议报道的写作技巧

会议新闻报道要本着“领导高兴、读者爱看”的原则，一切从工作出发，一切从实际出发。应做到下列几点。

①控制总量，压缩会议及领导人活动的报道范围。

②突出重点，努力提高会议新闻报道质量。

③科学安排版面，形式要服务于内容。

（二）时政报道的写作

1. 时政新闻的含义

时政新闻是关于国家政治生活中新近或正在发生的事实的报道。主要表现为政党、社会集团、社会势力在处理国家生活和国际关系方面的方针、政策和活动。

2. 时政报道的特点

时政报道具有阶级性、原则性、逻辑性等特点。

3. 新闻工作者如何做好时政报道

（1）导向正确、主题鲜明、准确无误

时政活动具有很强的政治性、政策性和敏感性，不但反映党委、政府的政治立场、政治主张和政治观点，而且反映重大的战略决策和重大举措等重要内容。时政新闻工作者的责任重于泰山，要坚决贯彻党的方针政策，切实增强大局意识、政治意识、责任意识，不断提高政治敏锐性和政治辨别力，确保时政新闻报道旗帜鲜明、导向正确。在思想行动上，以坚定不移地履行新闻工作者的责任为荣，以执着的敬业精神和良好的业务素养做到大事面前不糊涂，关键时刻不动摇。

（2）创新报道视角和手段、开拓报道空间

时政新闻报道原则性很强，要求高，不能有半点闪失。新闻工作者往往因责任重大而忽略了主观能动性的发挥，不注重新闻报道体裁和写法的创新，结果使时政报道变得枯燥乏味。时政新闻工作者要在报道过程中不断拓宽视野，尝试性地选择独特视角，大胆创新形式，深化主题，增强时政新闻报道的生动性、可读性和感染力。既要完整准确全面地将主题思想报道出来，又要多侧面、多视角地体现和突出时政活动的精髓，用创新性的视角升华主题，挑选受众最关心的新闻线索，打造出有特色的新闻报道。

（3）全面地体现时政新闻报道的价值

有些时政新闻报道内容比较单一，不注重会议新闻的延伸，不少时政新闻报道经常是一事一报，不注意事件的关联度。这就要求新闻工作者注重时政新闻价值的深化，要通过悉心观察和平时的素材积累，将政府工作部署和群众的关注点有机地结合起来，从多方面挖掘有价值的新闻事件和线索，并对于可能涉及或已经影响到的个人和群体进行深入采访，挖掘出会议背后深层次的社会问题。

（三）灾难报道的写作

1. 灾难报道的含义

一般而言，由非人为因素引发的、人力不可抗拒的自然灾害，以及主要由人为因素引起的公共卫生或安全事件等，均属于灾难报道的研究范围。因此，灾难事件大致可分为自然性和社会性灾难两大类。灾难报道就灾难事件本身而言，即对给人类带来灾难的事件的报道。

2. 新闻工作者如何做好灾难报道

新闻工作者做好灾难新闻报道，首先，必须端正思想，提高职业道德，摒弃为个人利益、小集团利益谋利的思想；将事实真相以最快的时间传播给受众，并在传播过程中给受众提供具有新闻价值而且不伤害受灾者及其家属的灾难信息；要明白灾难报道的意义，即不但有利于消除谣言，而且有利于赈灾和灾后重建；要以人为本，关注受灾者及其家属的生活状况和心理状况；要担负起促进社会进步的责任。其次，应该提高自己的报道能力，要善于发掘有新闻价值的事件以及用优秀的笔法来报道新闻，不要敷衍受众，流于形式；要不断增强对其他各种知识的了解，以便在报道中随心应手；要有做好追踪调查的信心，不要一遇到阻拦就后退；要有对受众知情权和受灾者及其家属的隐私权的平衡能力，不要一味地为了知情权而不顾隐私权，也不要只为了隐私而放弃知情权。

灾难发生后，新闻工作者应当有一个充分的准备，要追求报道的时效性。在报道过程中要坚持真实、客观、准确、全面的原则，不能出现漏洞、偏差和错误。另外还要注意事态的发展变化，坚持正确的导向，同时始终以深入采访为标准，寻找鲜活、感人的素材。

（四）教育报道的写作

1. 教育新闻的含义

教育新闻主要是发布教育动态、追踪教育热点的相关报道。

由于教育活动缓慢而又循序渐进，所以捕捉教育方面的动态新闻相对比较困难，在挖掘独家新闻或通过突出新闻报道的时效性来与经济、社会新闻一较高下时，教育新闻并不占优势。所以，要做好教育新闻报道必须扬长避短，发挥教育新闻的非事件性特点，巧妙地选择报道题材。

2. 教育新闻的技巧

（1）独家

教育领域的新闻事件大多具有可预见性，突发事件较少，而且在当今资讯发达的时代，要做到“独家”很难，但这并非不可能，选题的创新和突破总是和现有媒介相比较而言的，在时效性上不占优势的教育新闻选题，同样也可以“后发制人”。

（2）补充

补充策略可以挖掘出新题材和新题意，致力于再发现和新发现。

（3）质疑

根据相关的教育知识理论和政策法规，分析教育新闻现象、教育事件和教育问题，对其科学性、可行性、合理性、适宜性等提出质疑，指出其存在的负面效应以确定新闻选题。澄清误区，纠正错误，就能找到好的选题。

（4）解难

教育领域总有很多难题，学校有学校的难题、考试有考试的难题、教育工作有教育工作的难题。原来的难题解决了，又会出现新的难题。这些难题盘根错节且复杂多元，人们众说纷纭、见仁见智。从选题的角度说，破解难题不仅责无旁贷，还是出新闻力作的捷径。

（五）人物报道的写作

1. 新闻中人物报道的特点

（1）要有现实针对性

写作对象的选择必须具备两个条件：一是能体现时代精神，二是对人们有激励和鼓舞作用。也就是说，选择的采写对象如果与当下先进性的时代要求不相吻合或相差甚远，则不能让广大受众产生思想上和情感上的共鸣，也就难以收到以正确的舆论引导人，以高尚的精神塑造人，以先进的思想教育人的社会效果。

（2）事迹可信度要高

长期以来，“为社会树立榜样”是人物报道写作的“经典性”法则，然而，它很容易导致新闻人物失真，使报道的可信度下降，从而弱化甚至消解了所期望的报道效果。带有普遍性特征的偏差在于：先验地以某种绝对化、纯粹化、理想化的标准，预制一种理想榜样模式，然后用这种模式来“套”现实中的人物，相当程度上以简单化的宣传价值取代审美价值，从而给人物报道的写作带来失真的弊端。

（3）故事情节要生动感人

我国唐代著名诗人白居易曾说：“感人心者，莫先乎情，莫始乎言。”把它引用到新闻报道上也十分妥帖：这里的“言”可以指新闻报道的文体；“情”就是新闻人物的情感，或称作者诉诸文本而传达出来的情感；“人”就是受众。人物报道往往特别强调事件对受众个人的人性化、个人化的情感诱惑力。

（4）人情味要浓

为了吸引、取悦易变的受众，记者开发出了许多讲故事的方法、技巧和策略，这些方法能使报道生动、吸引人。为了确保报道被人们阅读，新闻记者必须以一种呈现个人亲历的戏剧性事件的手法进行报道。新闻记者做到这一点的方法之一是使用人们常用的词汇讲述故事。记者通过寻找与事件相关的人，可以使新闻人格化和戏剧化。

（5）要有典型的事例

先进人物的事迹总是让人感动，给人激励，给人启迪。只要走近先进人物，或实地采访，或查阅收集资料，那么，人物报道就一定能写成功。

（6）“评”出深意，情理相生

人物报道以叙述描绘为主，但是一篇好的人物报道，不仅要叙述巧妙，还应有恰到好处的评、议和恰如其分的抒情。这可以使人物、事件增添光彩，可以生动有力地揭示和深化原有材料的意义，并对人物塑造的主旨起到画龙点睛的作用。

一般来说，精辟的议论来源于作者对事物的洞察能力和坚定的正义信念；抒情则来自作者对真善美的追求和热爱。要想把人物报道写得饱满，使它具有高度的思想性和艺术性，就必须善于运用多种表现手法，融人物形象、情愫、哲理于一炉，汇真实性与文学性于一体。

2. 把握人物报道的特点

时代造就英雄，英雄模范人物身上凝聚着时代精神。不同的时代有着不同的英雄模范，不同时代的英雄模范人物身上表现着不同的时代精神。

人物通讯要通过先进人物的精神风貌反映时代精神，就必须把所写的人物放在时代的宏观背景下去观察、认识和表现。只有这样，才能准确把握主人公的先进思想的本质，才能正确估量主人公先进事迹的社会价值；也只有这样，先进人物的精神风貌、崇高思想，才能在当代人的心中撞出火花，才能收到感染人、教育人的良好效果。

通过人物的精神风貌体现时代精神，就是要反复地提炼和确定能够反映时代特征的主题。主题的提炼，关键在于把报道的人物本身具有的特点与现实斗争的需要结合起来。若能找到它们之间的联系，就能提炼出既能反映人物的本质特征，又能解答现实斗争中广大群众迫切要求回答的问题的深刻主题来。

主题确定之后，还要着力选择典型材料来充分地表现它。凡是有利于突出主题的材料，都要有效地加以利用；一切游离于主题的材料，不管它多么生动，都要果断地舍弃。

3. 将人物报道中的“人物”写活

（1）通过行动刻画人物

高尔基关于文学创作曾说过这样的话：“为了使艺术作品有说服力，要有教育的力量，要尽可能地使人物多行动，少说话。”这段话对于通讯也同样适用。可以通过描述主人公所做的某件事，即通过刻画他的行为举止，展示其内在精神。

（2）精选细节展现性格

选好细节是写活人物的一个关键问题。有时，通过一个有典型意义的细节，就能写出一个性格鲜明的人物来。吴敬梓的《儒林外史》中严监生的吝啬性格让人过目不忘，主要是得力于作者写了他临死时因家里的油灯点了两根灯芯太费油而不能安心闭眼的一个小小的细节。在通讯写作中也有一些相似的例子。如《把一切献给四化的人——访全国劳动模范、爆炸大王陈火金》中的一段描述："有一次，陈火金家被小偷盗窃了。陈火金得知后，马上跑了回来。他一进门，首先钻到床下查看，然后又翻他桌上的东西，看到他积累的资料、计算的数据，还有书籍杂志、计算工具，样样都在，就告诉在场的警察：'没丢什么！没丢什么！'他爱人在一旁急了：'怎么没丢？钱不见了，箱子里的几件新衣服没了。'"这样的细节描写活画出了一个一心只在科研上的知识分子形象。

除此之外，将人物报道中的"人物"写活的方法还有自我展示法、他人评价法、以景写人法、矛盾冲突法等。

第七章　电子媒体新闻写作

第一节　广播电视媒体新闻写作

一、广播新闻写作

广播新闻是一种以无线电波或导线为传播载体、以声音符号为表达手段，报道新近发生或正在发生的事实的新闻品种。广播新闻写作要受到两个规律的制约，这是新闻写作的一般规律在广播这一传播媒介中的特殊表现。首先，广播新闻写作要受到新闻写作普遍规律的制约，必须用事实说话。其次，还要受到广播媒介传播规律的制约。声音是广播传播的唯一媒介，广播新闻写作是“为听而写”，声音的传播规律和听觉的接收规律制约着广播新闻的写作。因此，要掌握广播新闻写作的特殊规律，就必须了解广播新闻的传播特性。

（一）广播新闻的传播特性

1. 广播新闻的要求和广播媒介的制约

广播的传播特性与广播新闻的传播特性是两个不同的概念。广播新闻的传播特性综合了广播媒介的传播特性和新闻传播的特殊要求，既不同于其他类型的广播节目，又与报纸新闻、电视新闻相区别。与其他类型的广播节目相比，广播媒介的传播特性对广播新闻的制约性更大。因为，新闻传播是一种信息传播，要求传播具有迅速性、广泛性和准确性。

广播媒介可以很好地满足新闻传播迅速性和广泛性的要求。信息报道的迅速、快捷是广播最大的特点。它可以随时播发新闻或更换新的内容。广播可以和正在发生的新闻事件做同步报道，如果做现场报道的话，世界上的任何国家和地区都可以在同一时间收听到新闻现场的情况。“滚动式”的新闻播报更是把“快”的优势发挥到了极致，它可以在最短的时间里把最新的信息传送给听众，这既加快了信息传播的速度，又满足了听众的需要。

广播新闻拥有的受众群体规模，比报纸和电视的都要大。这是因为广播覆盖面广，而且广播新闻节目大多采用口头化的语言，通俗易懂，明白晓畅，听众不分男女老少，不受文化水平的影响，只要没有听力障碍，就可以成为广播新闻传播的对象。

广播新闻传播的准确性比较复杂。声音可以把新闻事件的现场音响和新闻人物的原话带给听众，提高了新闻传播的准确性。在报纸新闻的写作过程中，记者经常遇到这样的情况，即该用什么样的词语描述报道对象说话的语气。究竟是“高兴地说”还是“兴奋地说”，不同语气可以表达出不一样的意思，在读者脑海中也会产生不同的印象。新闻传播是传播者通过一定的传播渠道，将信息进行“编码”传给接受者，接受者再对信息进行“译码”的过程，在此过程中新闻很可能会变味。广播新闻则不同，记者不需要对新闻人物说的话进行“编码”，只需要将声音采录下来，听众就可以如身临其境地收听到。通过这种方式传播的声音具有传真性。

此外，声音符号传输信息的清晰度低于文字符号。与电视相比，听众“只闻其声，不见其人”，仅依靠声音传播，准确性会大打折扣。汉语的同音异义词或者近音异义词特别多，容易使听众产生误解。例如，“gōng shì”这两个音节，对应的词至少有“攻势”“公事”“公式”“公示”“公式”“宫室”“工事”7种。因此，与报纸、电视相比，广播更容易造成歧义。语言不能脱离语境理解其意义，音响脱离了语境，其意义更难理解。不同的发声体发出的声音可以有不同的意义，即使是同样的发声体，在不同时间、不同空间发出的声音，意义也会不一样。例如，推土机的轰鸣，可能是某工地在施工，也可能是在拆迁。如果广播的时候，仅播放声音，不加说明的话，听众是不能很好识别的。

2. 广播媒体传播的优势

广播新闻的最大优势体现在“先声夺人”上，能快速、及时地把新闻事件报道出去。广播的这一优势比报纸要强。报纸一般有出版周期的限制，就算用电子出版系统出“号外”，也没有广播的速度快。广播的快就快在不需要等待拍摄和制作画面的时间。电视有一套非常复杂的设备，制作的环节也比广播多，发布新闻不如广播灵活。突发性事件发生后，由于客观因素的限制，电视不能马上拍摄到现场画面，更何况有的新闻事件是根本无法拍摄到画面的。这时，广播快捷性的优势就体现出来了。在广播新闻节目中，记者与采访对象在电话前直接向听众讲话，节省了节目制作的时间。电视虽然也能借用电话采访的方式，但它必须用画面来传输信息，不可能长时间使用电话采访，更不会频频中断节目来插播现场电话报道。

广播新闻传播除了可以在时间上无限接近“零时差”外，其另一个优势是“真实感人”。声音作为传播信息的特殊介质，具有文字符号传播难以达到的感染力。声音符号的传真性，提高了新闻传播的准确性；且声音符号的情感性，强化了新闻的感染力。声音比文字更具感染力，是因为声音中含有感情，即声音具有表情性。也就是说，声音可以引起听者的心理活动和心理感受，甚至产生情感的共鸣。例如，印在报纸上的一则讣告新闻，读者可能匆匆看一遍就过了；由广播播音员播出来后，可能会达到催人泪下的效果；而电视虽也有播音员，但字幕的存在会使观众不自觉地去读屏幕上的内容，而忽略了听，所以效果可能也不及广播。好的广播新闻，可以在将文字符号转化为声音符号的过程中，准确、生动地表达新闻作品中的思想感情、观点和立场，从而使新闻报道的说服力更强。此外，听觉和视觉具有相互“通感”的原理，声音的传真性，会让听众产生视觉形象，听其声，如见其人，如身临其境，如经其事，这也增强了新闻的真实性、说服力和感染力。

受众面广是广播新闻的又一优势。广播信号覆盖面广，只要电波能够到达的地方，就能够传递信息，听到广播节目。广播在传播空间上的近距离促成了“地球村”的出现。而且广播的收听非常方便，人们可以随时随地收听广播，而不耽误工作和干活。不必像看报纸、看电视那样专门挤出一段时间。收听的方便性，使得广播新闻有着报纸新闻和电视新闻无法比拟的广泛性。在电波覆盖范围之内，只要听力正常，人人都能收听广播，从这个角度而言，广播雅俗共赏、老少咸宜，融合了各个年龄段、各个文化层次的受众群。

3. 广播媒体传播的劣势

清晰度低，是广播新闻的一大劣势。广播新闻信息的传达符号是声音，广播的传播结构是线性一元的，它仅用声音这一元素把新闻事实纳入时间的一维线性结构之中。报纸新闻则是在二维平面上的文字，阅读顺序由读者来决定。听众收听广播，不可能像阅读报纸那样具有选择性，只能按照编辑的意图，顺着广播的播放顺序收听，这样会导致听众既难以把握新闻信息的重点，又难以很好理解收听的内容，甚至可能会感到疲乏。而且，在特定的时间里，听众也只能有效地收听一个节目。电视虽然也是在时间的线性上播出，但是它具有画面这个元素做补充，画面可以传达多种信息，听众在没有听清楚声音的情况下，可以通过画面来进行补救，理解报道内容。如果没有听清广播的内容，则要想补救就难了。

听众收听广播时的伴随行为也是干扰新闻信息传播清晰度的一个重要因素。广播传播的声音在接收中只占用人的听觉，收听具有方便性的优势。在电波覆盖范围内，人们可以随时随地收听自己喜欢的频道。人们在收听广播时还可以从事其他的活动。

但是，这种“兼听”的方式带有一种随意性、非专注性，使得信息的清晰度大受影响。人们可以在早晨锻炼或者吃早餐的时候收听广播，司机可以在驾车的时候收听广播……在这种“半收听”的状态下，听众往往是三心二意的，很容易漏过广播的内容。弥补这一不足的方法：增加重大新闻重播的次数，对新闻内容进行概要介绍，或交代必要的新闻背景。

广播新闻还有一个无法克服的缺陷就是容量的有限性。口播新闻每分钟最多200个字，30分钟的新闻节目也只有6000多个字，只抵得上对开报纸的半个版。根据测试，同样30分钟内，看报纸比听新闻广播获得的信息更多。广播一天最多播24小时，这24小时也不可能全部用来播新闻。中央人民广播电台第一套、第二套节目，每天播出28次新闻节目，发稿量也不过60000余字，加上必要的重播，广播传递的信息量就更有限。而报纸能扩版加长，提高信息容量。广播不能靠增加节目的套数来增加容量，因为广播听众的选择是排他性的，同一时间听此台便不能听彼台。电台节目套数的增加，只是听众选择机会的增加，不能从根本上改变广播信息容量小的劣势。

（二）广播新闻的写作特点及要求

广播新闻与其他媒体的新闻报道形式一样，都要遵循新闻传播的规律和新闻报道的共同要求，即报道要及时、真实、客观。同时，广播“口说耳听”的传播方式使广播新闻又有着独特的取材特点和表现手段。

1. 诉诸听觉

广播主要靠有声语言来传播信息，声音是广播传播的唯一媒介，无论是播音员的语言还是现场实况音响，都是广播用来叙事、表情、达意的媒介。记者“写”广播新闻的过程实际是记者口头记录的过程，“写”出来的广播稿要通过播音员“说”出来。“说”的声音传递出去到达听众，听众用耳朵获取广播新闻信息，广播传播最终的目的就是让听众听清楚、听明白。

广播新闻的写作是为听而写，要考虑听众的收听习惯及收听心理，一切都要以方便收听为原则。一般而言，听众的收听习惯及收听心理表现在以下几个方面：

第一，喜“新”厌“旧”。及时性是广播传播最突出的优势所在，听众听广播就是为了获取最快、最新的信息，因此他们喜欢收听时效性强的报道，不愿意把时间浪费在时过境迁的信息上。

第二，喜“软”厌“硬”。广播只能通过声音来传播，这就要求广播语言要通俗易懂，多使用谈话体，少用或者不用书面体。因为对于听众而言，他们不喜欢生硬呆板的声音，更愿意通过收听亲切悦耳的声音来获得一种参与感和被关怀感。

第三，喜“近”厌“远”。由于接近性心理的因素，对于众多信息，听众关注的多是与自己的利益、地理位置、兴趣爱好等接近的信息。他们关注新近的、即时发生的、身边的新闻，对时过境迁的、异域的新闻则不感兴趣。

第四，喜“短”厌“长”。听众的听觉注意力只能集中在某一个时间段里，过长的新闻只会让人产生厌听的情绪，因此广播新闻的写作不宜过长，以短小精悍为佳。

第五，喜“趣”厌“乏”。对于大部分听众而言，富有情趣、轻松的报道比起枯燥乏味的报道更能引起他们的关注和兴趣。

因此，广播新闻要想准确地传达信息，收到良好的传播效果，就必须遵循“为听而写”的特征，让听众听得顺耳、听得舒服。可按新闻发生的时间顺序来写（顺序法），也可在开头设置悬念（特别重视导语写作）；要用具体、形象的事实说话，用细节说话；结构要单一，线索不宜过多，层次要分明，过渡要自然。

2. 短小精悍

随着生活节奏的加快，受众接触媒介的时间越来越少，相反对信息的需求却越来越多，广播新闻要能迅速、及时地向受众传递信息也必须要在“短”上下功夫。“短”并不意味着简单、不重要，而是“快”“强”“活”的集中体现。“快”是指新闻报道要及时，“强”是指报道最新、最重要、最有价值的新闻，“活”是指报道形式要勇于创新。广播界权威人士对于“短消息”的特点的概括：“主题要集中而又鲜明，时空跨度不宜过大，选材的内涵要丰富，一稿一事最为适宜，取材精粹、排列有序，舍弃可有可无的信息，表现手法要小中见大，使用音响要突出特点，语言要简洁、明快、优美。”

广播新闻稿的“短”具体表现在篇幅短、段落短、句子短。一般而言，广播短新闻篇幅以300～500字为宜。例如，中央人民广播电台的《新闻和报纸摘要》节目，每次30分钟，约发18条新闻，总字数约6700字（包括新闻提要300字），平均每条350多字。这就要求一篇广播新闻要主题明确，围绕一个重点把需要交代的事实用简短清晰的文字交代清楚。

3. 具体形象

鲁迅先生曾说：“诉于耳的方法，和诉于目的时候是全然两样的。所谓听众者，凡事都没有读者似的留心。简洁的文字，有着穿透读者心胸的力量，然而在听众的头里，却毫不相干地过去了。听众者，是从赘辩之中，拾取兴趣和理解的。”由此可见，具体、形象的事实往往比简洁、抽象的文字更能吸引听众的注意。而广播是诉诸听觉的单一传播，因此要让听众听得明白、听得清楚，写广播稿必须用具体的、形象的事实说话。

心理学专家把人的记忆分为三种类型，即理解记忆、机械记忆和情绪记忆。这三种类型的记忆分别建立在思维、意志、情感这三种基本的心理活动之上。广播通过转瞬即逝的声音作用于听众的听觉器官，信息进入大脑的临时储存器，在这里停留6～10秒左右。经过选择，一部分有价值的信息便被送入短期储存器，在这里大约可以储存29分钟；再经过筛选，其中一部分进入永久储存器。很显然，在这短短的接受过程中，进行理解记忆和机械记忆的可能性是较小的，最能起作用的，是建立在情感基础上的情绪记忆，而情绪记忆产生的前提是记忆的对象必须形象生动、立体感强、活泼新鲜，富有感情色彩。因此，把广播稿写得具体形象是增强其传播效果的有效措施。广播稿要做到具体形象，必须注意：以具象之物描述抽象之理，力求使听众听得见、摸得着。也就是说，要使抽象的东西具体化，无形的东西有形化。抽象化的语言，听众无法捉摸和想象出具体的形象，在情感上难以得到共鸣，自然听过之后不会有深刻印象。要用听众日常看得见的、摸得着的事物和浅显易懂的比喻来说明广播新闻想要说明的道理和事实。

4. 语言通俗

广播新闻的语言特征是通俗化、大众化、简洁化、口语化、生动化。因此，广播新闻稿的文字在表达体现这些特征时，不要使用能看懂却听不懂的句子或词语。广播界对广播新闻文体的表达做了如下要求：

（1）对词语运用的要求

①把书面语言和文言词语转换成口头语言和词语；

②多用双音节词，少用单音节词；

③不用生僻的成语、典故；
④少用代词，人名、地名可适当重复；
⑤少用或不用专业术语，若非用不可，要做解释；
⑥不要滥用或生造简称；
⑦适当选用对话应答的语气词；
⑧省略不必要的数字，有必要用时也尽量用约数。
（2）对句式选择的要求
①多用口语句式，少用书面语句式；
②多用短句子，少用长句子；
③不用倒装句；
④尽量少用或不用欧化句式；
⑤尽量少用或不用长句，多用短句，把重点放在简练上。

（三）广播消息写作

广播消息是广播新闻报道中最常用的主打新闻体裁，包括广播短消息、广播长消息等。

1. 广播消息的导语

导语是新闻开头的第一句或前几句话，是新闻最重要的组成部分。广播消息的导语更是如此，能否吸引听众的注意在很大程度上就取决于导语的成功与否。一条成功的新闻导语，能够用主要的、新鲜的事实，简洁生动的语言传达出新闻的主要信息和事物的鲜明特征，能够一语破的地概括出新闻最本质的思想内容。

新闻导语的形式多种多样，但广播消息中最常用的是提要式、结论式、提问式和描写式这几种导语方式。

（1）提要式导语

提要式导语也叫概括式导语，这种导语由于采取的是平铺直叙的方法，因此不会给人以跳跃和突兀的感觉，而且这种导语开门见山，一开头就将主要内容先报给听众，让听众了解全篇新闻将要讲述的内容，从而便于观众选择性地收听。这种类型的导语符合听众心理，因而受到大部分听众的欢迎，在广播消息中应用得最多。

（2）结论式导语

导语先写由新闻事实得出的结论，后写具体事实所，“先下结论，再摆事实”，这也符合一般听众的收听习惯。因此，这种导语类型在广播新闻中也较为常见。

（3）提问式导语

这种导语先以问答的方式，生动鲜明地揭示出新闻的主题和本质，可以增强新闻的吸引力，便于听众及时抓住报道的精髓，能够引起听众的注意和思考。

（4）描写式导语

描写式导语根据表述对象的不同，一般分为三类：一是先对新闻事件发生的时间、特定环境和场景做简要的描述，再交代具体的新闻事实；二是运用叙述与描写相结合的手法，对新闻的主要事实或主要人物形象做简洁明快的描写，用以酝酿气氛，并增强报道的色彩与意味；三是描述一个典型事实的典型场面，并以之为导语，这种导语一般全是描写，现场感更强，能够起到突出主题的作用。

2. 广播消息的主体

消息的主体是指导语之后的内容，是对导语内容的补充、拓展和解释说明。广播消息的导语“立片言以居要”，一般只包括消息中最重要、最新鲜或最有吸引力的内容。主体部分主要是对新闻进行事实和意义层面的拓展。

3. 广播消息的结尾

一篇好的广播新闻不仅要有好的导语，还要有一个好的结尾。结尾对于整篇新闻的写作也起着至关重要的作用：写好新闻的结尾，可以使新闻在形式上更完美；可以使新闻的主题得到进一步的深化，增强新闻的感染力。广播新闻通常有以下几种结尾方式：

①总结式结尾。总结式结尾是对全文内容的概括与总结，它使所报道的内容具有完整性。

②评论式结尾。评论式结尾是对新闻事件进行评论，进一步点明新闻意义。

③展望式结尾。有的新闻报道是正在发生的事实，随着时间的推移，事件还会有新的变化，记者在结尾处指出新闻事件的发展趋势，可以引起听众的关注。

④启发含蓄式结尾。古人强调文章的结尾要“似断非断，似了非了”。好的消息结尾总能收到余音绕梁的效果。

（四）广播专题写作

广播专题主要包含广播通讯、广播特写以及广播专访几种体裁。

1. 广播通讯的写作

广播通讯是广播新闻当中运用频率最高的一种新闻体裁，也是广播专题中的重头戏。它主要从报纸通讯的体裁移植而来，但广播这一特殊的传播介质，使广播通讯更注重从“听”的角度来以情感人、打动听众。

广播通讯的结构一般有三种：

①垂直结构，也就是按照事件发展的时间顺序来安排组织材料，发生在前的事件就写在前边，发生在后的事件就写在后边，不能随意颠倒顺序。

②平行结构，这样的结构中每一个部分往往都可以独立成篇，每两个部分之间没有什么时间顺序的逻辑联系。因此记者可以对多个人物、事件展开叙述。

③交叉结构，就是垂直结构和平行结构的交叉综合运用，适用于内容多、头绪复杂的题材。这种结构总是以一种机构为主线，或者以垂直结构为主线，或者以平行结构为主线，再辅以另一种结构。

2. 广播特写的写作

广播特写是一种描绘性新闻，是将新闻事件中富有特征的片段，通过听觉形象的细致描绘加以放大和凸显，从而形成较强烈的听觉联想和听觉感染力的新闻体裁。广播特写的写作要领，必须从以下几个方面入手：

（1）选题集中，展示主题的深层内涵

当代受众不仅要求新闻媒介及时提供最新、最快的新闻事实，还要求新闻媒介提供对复杂事物的分析和解释。中央人民广播电台采写的特写《传唱到今天的千年史诗》，以柯尔克孜族流传千年的史诗《玛纳斯》为题材，讲述了玛纳斯传人居素甫·玛玛依老人和他孙女的故事。其中呈现了政府多年来抢救和保护珍贵民族文化遗产《玛纳斯》史诗的成果，也展示了居素甫·玛玛依老人和孙女对《玛纳斯》的审美差异，进而体现了千年史诗《玛纳斯》文化的浩大厚重，也体现了居素甫祖孙之间的亲情与默契。这一主题印证了当代文化的走向：只有民族的，才是世界的。

（2）注意捕捉细节

捕捉到典型的细节并极力去凸显它，是一篇新闻特写成功与否的关键。在写作新闻特写时，要能够惟妙惟肖、绘声绘色地描绘出新闻人物、新闻事件的精彩闪光点。

（3）白描细描，交相辉映

新闻特写的基本表现手法就是描写，描写有白描和细描之分。白描是用极简单的文字，言简意赅地勾画出人物的面貌，不做过多修饰。细描是使用“浓墨”，对有典型意义的新闻细节不惜笔墨地描绘，力求写深写透。在广播特写中，白描和细描是相辅相成的，没有白描，就无法清楚地交代事件梗概和人物特征，没有细描，也就不会有新闻特写。因此新闻特写中白描与细描的交相使用，能够更生动、细致地展现出新闻现场的气氛和人物的心理。

3. 广播专访的采录

广播专访就是记者以某一特定话题对特定对象进行采访，也叫广播访谈或录音访谈。广播访谈的录制应遵循四点要求：一是采访话题的公众关注度要高；二是话题与采访对象的高度一致性；三是问题设计的精妙性；四是采访结构的完整性。

二、电视新闻写作

电视新闻是运用电视传播手段，通过无线电波或电缆导线传送图像和声音的新闻报道。一则电视新闻通常由画面、同期声（现场原发声）、有声语言和解说词等因素构成。有时还配以字幕、音响、音乐等。可以说，电视新闻是一种综合的、系统的、形象的新闻报道方式。

（一）电视新闻的传播特性

电视新闻的传播特性一方面是由电视传播的物理属性决定的，另一方面是由其传播符号的属性决定的，表现为快捷和及时等。要写好电视新闻稿，就必须对其传播特性有充分的了解。

1. 快捷性、及时性

电视是使用电波进行传播的媒介，电波传播的快捷赋予了电视新闻一个显著的传播特征——及时性。自广播、电视这样的以电波为传播载体的媒介诞生以来，报纸和杂志这样的印刷媒介开始在新闻时效性的竞争中越来越逊色，这是由技术的因素决定的。电视新闻的发展经历了好几个阶段，电视刚刚诞生的时候，由于采编制作设备的相对落后，采编、制作等中间环节的延宕，其传播速度并不快。随着技术的发展，尤其是电子新闻采集系统的出现，使新闻制作时间大大缩短，电视的时效性向前迈进了一大步。卫星电视出现以后，电视实现了新闻事件的共时空报道，电视实况转播逐渐普及，电视新闻传播的快捷性和及时性得到了充分体现。

2. 现场的实证性

现场的实证性是指电视新闻的画面、声音等传播元素所建构出的新闻信息和现场所发生的事实基本完全一致，包括拍摄对象的立体感、颜色、运动感等。据此，电视能够满足观众“眼见为实”的需求。

现场的实证性使得电视成为最具说服力的新闻媒介，“完整的再现”使得观众很难会去怀疑它的真实性。这种真实性一方面构成电视新闻传播无可比拟的优势，但另一方面也蕴含着虚假的可能。因为这种看似“生活原生态”的真实，实际上还是由一些经过精心选择后的材料组成的，呈现的也可能是一种假定的真实。对这种假定性起到最大作用的是电视新闻文字稿的配合。电视画面具有一种多义性的特征，同样的电视新闻画面配上不同的文字解说会形成截然相反的含义。因此，文字稿的写作更要强调新闻的真实性。画面的拍摄技巧也能改变观众对现场的认识，比如电视镜头如果有选择地总是对准某一个人，观众就可能认为他是新闻的主角，而实际上他可能并不是。又如采用仰拍或俯拍的角度，对观众理解新闻信息也会有所影响。

3. 受众接收的轻松随意性

电视声画合一的传播特性，以及受众能够在轻松的家庭氛围中收看电视这两大因素，使得电视在所有新闻媒介中，是最能发挥接近性这一新闻价值的媒介。

由于画面具有直观性的特点，所以观众接收画面也具有感性色彩，再加上声音和字幕的配合，电视新闻信息呈现出全息性的特征。这使得电视观众在接受电视新闻的时候不费力，省去了在头脑中解码的过程，观众接收的过程是比较轻松的。也正是因为这一点，电视新闻表现内容深刻的程度有限。一些较为深刻的内容，比如某一观点的梳理和剖析，往往还是要借助语言文字的力量。

（二）电视新闻的写作特点

电视新闻通过画面、声音、文字传递信息，呈现出一种全息性的特征，使得观众在接收信息的时候十分轻松。因此，电视新闻声音的使用、文字的写作以及画面的拍摄要从观众的角度出发，具备可听性、可读性和可视性。

1. 兼备可听性与可读性

无论是同期声、画外配音，还是播音员播音，都要使观众能够听得清楚、明白。因此，记者在写作电视新闻文字稿的时候，必须准确、通俗，具有可听性，让观众听完就能记在心里。电视新闻解说词，诉诸观众的听觉，要尽量口语化，不要使用难听难记的书面语或者方言，要避免同音、相近的词语，不要滥用简称或倒装句。此外，新闻标题和字幕是伴随画面同时出现的，在电视荧屏的下方或一侧播映，有时是字幕单独出现在荧屏上，例如《新闻联播》中的“内容提要”。

2. 声画并茂，增强可视性

电视是通过声音和画面共同作用而传递信息的，声、画具有相互不可替代的作用。画面没有声音就无法表达特定的含义，无声画面会给观众带来歧义。声、画要融为一体才能体现电视的优势，因此电视新闻写作必须遵循声画并茂的原则，增强电视新闻的可视性。这里，就必须掌握声音和画面的组合关系。

（1）声画合一

声画合一又称声画同步，是指声音和画面传播的具体内容完全一致，即画面上的人或物体就是声音的发源体，或者声音说的正是画面中的事物。

声画合一的组合方式最能体现电视纪实的本性，能够加强传播内容的真实感和可信度。观众在收看电视的时候，声音和画面同时呈现、同时进行、同时消失，纪实的魅力由此可见。

（2）声画对位

声画对位是指声音和画面二者按照各自规律发展，画面是一回事，声音是另一回事，并不互相诠释，但是两者仍有一定的内在联系，最后殊途同归。声画对位可以达到单一的画面或者声音达不到的整体效果。

（三）电视消息写作

电视消息是电视新闻中运用得最多的一种体裁，是新闻性节目中的主体、骨干，收视率最高，影响最大，电视媒体发布的新闻信息绝大多数都是以消息（短消息、长消息）的形式传播出去的。狭义的电视新闻就是指电视消息。对于电视消息写作，要掌握以下几个要领：

1. 突出时效性

电视消息要突出时效性就是要缩短新闻事件的发生与该新闻事件报道出去的时间差，时间差越小，新闻价值就越大。

随着电子技术的快速发展和卫星中继技术的普及，新闻的传播速度越来越快。电视新闻的现场直播形式使采、编、播同时完成，新闻事件的报道与事件本身的进程同步，再加上电视的声画优势，极大地满足了观众先睹为快的心理。

电视消息写作要追求简短精练，即直写事实，说短话、写短句，声音播读出来干净利落。电视短消息的长度宜在一分半以内，这主要适宜于动态消息；长消息适宜非事件性新闻，长度要求在四分钟以内。播音员每分钟播读的字数在 300 字左右，要想把一篇短消息的内容限制在三四百字的范围内，写作的时候就必须言简意赅，画面有的信息可以不重复，画面没有的信息要交代清楚，形成一篇流畅完整的稿件。

2. 突出现场感

俗话说，“眼见为实，耳听为虚”，电视直接向观众展示了现场生动的画面和实况音响，满足了人们希望亲眼看到事实真相的心理需求。有记者在场的报道，观众还可以看到听到现场采访的过程，特别是记者与现场人物交流的过程。记者作为目击者和参与者，在某种程度上是在代表观众与现场人物做交流，信息从当事人经过记者直接传递给观众，没有经过其他中间环节的传递，这样有利于增强新闻的可信度和权威性。要增强新闻的真实性和可信度，就要突出新闻的现场感。

3. 巧取视角，题材鲜活

电视消息在采写时也要讲究题材的新颖、鲜活，以新鲜的事实，或以之前没有报道过的角度，独具匠心地来表现深刻的主题。

4. 突出主题，立意深远

电视消息在讲求时效性的同时，也要追求其立意的深远性。这就要求记者要从普通、平常的新闻素材或者司空见惯的社会现象中，用独特的视角挖掘其中蕴含的新闻价值、社会意义。

（四）电视新闻专题写作

电视专题报道是电视新闻报道的重要形式之一，是体现电视新闻深度报道的主要手段之一，它比消息报道更详细、透彻，容易引起观众思想上的共鸣。电视专题，顾名思义，指的是运用电视声响传播的手段对某一专门题材或话题进行深入、全面的反映。电视专题包含的题材类型广泛，有新闻类专题、知识类专题、服务类专题、人文类专题、人物类专题、风光类专题、文化及艺术类专题等。本书主要就电视新闻专题来进行分析。

电视新闻专题是指运用电视新闻的表现手段和报道技巧对新近变动的事实所做的较完整、较系统、较深入的及时报道。它类似于报纸、广播新闻中的通讯。电视新闻专题题材广泛，大多围绕社会上的重点、疑点、热点问题进行选题，针对事实进行分析和阐述，通过夹叙夹议的方式，引起观众思想上的震动和情感上的共鸣。

电视采用声像结合的传播方式，能够兼容流动图像、声音和文字三套符号系统，具有高度的纪实性。电视新闻专题的“文本”写作要最大限度地发挥电视独有的传播特性，须从以下几个方面着手：

1. 充分利用画面组合和声画组合的优势

在电视专题报道中，有许多画面是耐人寻味的，尤其是超过 15 秒的长镜头，画面本身就体现了专题报道的深度。通常，一个小小的细节所体现出的深刻含义，用语言很难表述，但画面却能轻而易举地让人心领神会。因此一些许多用文字都不能精确描述或再现的新闻事实，电视只需用一个画面便可以精确地加以表现，这是电视新闻专题报道的特殊优势。

此外，画面与解说词、画外音的合理组接，能进一步引导观众体会电视专题报道的主题与深度。同时通过声画组接把各种背景资料、访谈、受众交互结合在一起，报道会更加全面和深刻。

2. 解说词的深度化

好的解说词能对画面起到补充的作用，同时富有思辨性、哲理性的解说词能进一步提升专题报道的高度。如苏州广电总台、江苏广电总台等合作推出的《生命相髓》获第二十一届中国新闻奖二等奖，该片以写实的手法，选择骨髓捐献双方见面这一特殊节点，通过两对捐受双方的人物命运来展现这场情感巨制；并通过富有哲理性和感染性的解说词，展现了一根细髓线牵起的两岸血浓于水的同胞情。

3. 解说词的可视化

好的电视专题是内容与形式的完美结合，形式要为内容服务，二者要达到和谐统一。以解说词与画面的关系为例，解说词在表现形式上常常与画面是一致的，一致的节奏、色彩和现实感，能让观众跟随文字有身临其境的现场感。中央电视台国际频道专门打造的 100 集系列专题《边疆行》，引起了很强的社会反响，其成功的原因就在于解说词的可视化，能让观众体验到丰富的现场感。

（五）电视新闻评论写作

顾名思义，电视新闻评论是运用电视传播手段所做的新闻评论，是就新闻事实发表议论、见解的节目类型。评论类新闻在整个电视新闻中所占比例并不大，但是却起着针砭时弊、引导舆论的作用，具有很强的新闻性和政治性。电视新闻评论起步较晚，最早的形式是“编前语”“编后语”，借鉴报纸评论的方式，附在一条重要新闻的前后，一般由播音员口播，对新闻起强调、凸显和引导的作用。另一类是以电视专题形式出现的电视评论片，其将现场采访资料、文字、画外音以夹叙夹议的方式有机结合起来，这一类型在中央电视台《焦点访谈》《央视论坛》《新闻会客厅》《新闻 1+1》等节目出后趋于成熟。电视新闻评论类节目包括的形式主要有评论员评论、电视论坛、电视述评、电视评论、主持人议论等，另外还有本台评论、短评、编后语等形式。电视新闻评论的写作应注意以下几点。

1. 论证逻辑严密，观点鲜明

新闻评论与新闻报道最主要的区别之一是它的理论色彩和思辨性。准确的分析、犀利的评论、鲜明的立场是显示电视评论逻辑力量和评析力度的关键所在。

2. 与音响、画面互为补充

电视的解说和文字评论不同，文字评论可以独立成篇，本身的写作就可以构成一篇完整的文章；在电视评论中，画面、音响和语言诸要素往往不能单独存在，它们只是电视符号总体中的过程要素，各要素相辅相成。因此单纯地看电视评论解说词，往往会觉得跳跃感太强，若只出现画面和音响则又会令观众不知所云。正是这样一种不完备性，才形成了电视符号诸多要素之间相互配合的必要。

3. 夹叙夹议

从总体上看，画面的叙述功能要强于它的论证功能，因此除了主持人口播评论以外，电视评论一般都少不了夹叙夹议。一个电视画面，首先给人的信息是“这是什么”“这个人是谁”等，它要表明什么观点，一般需要结合前后事实的发展，或者借助画外音的解说，在这种情况下，“叙”和“议”就自然地结合起来。

第二节 新媒体新闻写作

一、网络新闻写作

（一）网络新闻的含义、种类

1. 网络新闻的含义

网络新闻是指综合运用文字、图片、图像、音响、动画等手段，借助网络平台和网络技术对新近发生的事实所进行的报道。网络新闻具有交互性，其信息量大，传播迅速、快捷。

2. 网络新闻的种类

（1）网站转发新闻

有些新闻是网站从传统传媒上复制过来的，在内容上没有自身的原创性，在形式上保持了传统传媒尤其是纸质传媒的新闻特点。其中，从事登载新闻业务的综合性门户网站（简称门户网站）搜集各家传统传媒的新闻加以转发，由新闻机构设立的新闻网站则往往还要转发作为其“母体”的专业新闻机构的新闻。这种新闻传播方式，充分体现了互联网对传统传媒的融合，使威力强大的传统传媒的新闻传播更加如虎添翼。

（2）网站原创新闻

网站的原创新闻又分为三种形式。一是指独家的、第一手的，网站记者自己采访写作的新闻报道。二是指通过重组新闻资源和重新编辑改写的新闻报道。此种意义上的原创新闻是网站记者通过整合其他媒体的有关新闻报道和新闻资源，而重新编辑改写的新闻。所谓信息整合，是通过信息的排列次序和结构形式的组合，达到信息增值的目的的。就是着眼于多信息在时间和空间上的相互关联，通过对庞杂信息的提炼、加工再生出新的信息。三是指网站记者利用网络传播的优势，制作出的适合网络信息传播规律，与传统媒体的报道方式、方法在形式上有差别的新闻报道。

（二）网络新闻的传播特性

新的媒介承载的信息内涵与表现方式与传统媒介有着很大的不同。网络新闻首先是新闻，这是确定无疑的。但是其技术平台特性及其相关的结构特性导致其与报纸、电视、广播新闻相比有着很多不同的特性，有着其得天独厚的优势。分析网络新闻及其传播的特点应从以下三个方面来进行。

1. 时效性

网络新闻传播的首要特性体现在时间上，时效是新闻的生命。网络新闻的制作与传播速度基本是极速化的，在这方面，网络新闻基本改写了现在的新闻的时效性的命题。与传统的报刊、广播和电视需要文字录入、编排、组版及拍摄、录音采集和制作相比较，网络新闻只需要轻点鼠标，将信息及时上网，在信息输入的同时就可以把信息传播出去，没有太多中间环节；在报道突发事件时，完全可以在事件发生的时候通过网络将信息传播出去，并随时更新，具有实时性特点。

网络使新闻的及时性标准不断提升，网络新闻变成了及时性、实时性传播。这给新闻写作带来了超快速化的要求，需要记者下笔成文，比倚马可待还要快速。同时也给新闻的发布带来了便利，任何人上网后都可以随时随地发布新闻，这就形成了组织和个人在网络上都有不间断发稿和更新新闻信息的可能性。

2. 海量容纳性

网络空间是海量空间，它对信息的包容度是无限的。作为虚拟空间，其涵盖的领域就像茫茫宇宙一样无边无际。网络媒体打破了信息传播地域和疆界的限制，任何一家新闻媒体的信息上网后都有关心此类信息的国内外读者，这种传播全球化和受众全球化的特点，对新闻报道的质量要求更高，受众的反馈性也更加突出。对同一个事件或新闻事实，可能出现多样性的解读和透视，信息的国际流通性更强。

网络媒体信息发布的容量不受限制。传统媒体报纸受到版面的空间限制，容量有限。广播、电视受到播出的限制，即使 24 小时播出，也只能承载一定量的信息。而网络媒体在时间和空间上没有任何限制，可以承载无限量的信息。这些信息通过网络巨大的数字储藏能力，在网络空间的深处无限量地存储，在需要的时候，一个信息点，可以从深度和广度上无限扩展，形成立体、丰富的信息面和相关信息环境，受众通过检索浏览，可以随时激活和拉出来，为自己所用。

在非线性的链接中，网络新闻的海量性更加突出，网站可以通过超链接的方式，将无线丰富的材料立体式发布，如上海的东方网，每天更新的新闻有 1200 多条。

网络新闻的广容性为新闻报道的深度、广度的扩展开辟了道路，最主要的是对新闻事件的深度挖掘可以达到极致。在网络媒体中，记者可以对每条新闻进行多方面的纵横挖掘，通过专题、新闻单元、背景链接等方式，将新闻的现在时、新闻事件与相关社会系统的关系、新闻事件的发展进程进行立体性的呈现。

3. 交互性

网络媒体是最具有参与性的媒体，虽然职业的新闻传播者在网络新闻传播中不可或缺，但是网络媒体打破了传者和受者的界限，网络媒体的传播是传播者和受众之间的双向互动传播。

交互性首先表现在媒体与受众之间的互动性。网络媒体传播的新闻可以及时得到受众的评价反馈，网络媒体设有与受众互动的平台，受众可以随时同媒介机构、媒介从业者在网上进行直接的文字、视频同步对话。开设电子论坛，公布记者的电子邮件，每篇报道之后都设置评论区等都可以及时收集受众的反馈，与受众及时交流，媒体可以借此调整媒体自身的传播内容和传播策略。这是网络媒体与受众互动的初级阶段。

交互性还表现为受众和受众之间的互动。受众之间的交流，不仅构成了网络媒体与受众之间的关系，还构成了受众与受众通过网络构成的多元、立体的传播关系，这既有助于提高网络新闻的传播效率，又有助于建立受众与网络媒体之间的互通和依赖关系，实现受众对受众的传播。更重要的是，受众与受众之间通过网络媒体的交流构建网络社区，本身就是网络媒体新闻传播的内容来源、构件和传播依据。

进入深层次，网络新闻的交互性则表现为网民的参与。西方传播学者认为，网络媒体的接受者被称为受众是不确切的，应该称为网络参与成员，这是为了更进一步切合网络新闻的接受者对网络新闻构建的参与性。通过网络社区、博客和播客等形式，网民可以建立自己的新闻发布和传播平台，这些信息素材，有些可以成为网络媒体的重要新闻资源。

4. 多元性

突出的多媒体特点，图文并茂，视听兼备，既有文字、图片，又有音频、视频。传统的新闻不可能将声音、图像、文字或其他新闻信息结合得这么好，报纸只能突出它的文字性；广播不能看到；电视是能将声音和图像集合到一起，但是文字方面又有所欠缺。网络新闻就不一样，网络媒体突破了传统新闻媒体的限制，不但将报纸、广播、电视的优点有机地整合到了一起，实现了文字、声音、图像的同期声；而且在表现形式上多种多样，可以借助网络技术将一些文字设计成动画，以一个动态的形式展现在受众的面前，更能够吸引受众的注意。比如中央电视台著名的《面对面》栏目同样把节目搬到网上，现在只要是打开电脑，登上互联网就可以看到每一期的节目，有声有色，图文并茂。

（三）网络新闻写作的形式

基于网络媒体的传播特性，网络新闻的表现形式具有自己独特的形式。

1. 超文本链接写作

网络新闻的写作形式，首先建立在超文本这一核心技术基础之上。在传统媒体中，文本或节目都是以线性的结构传达的。报纸上的文章由文字以固定形式形成，人们的阅读也就只能沿着这个固定顺序进行。而在广播电视节目中，这种线性特征表现得更为显著。

但是，超链接打破了传统新闻文本的线性结构，它带来的影响至少表现在以下两个方面：

首先，用超链接，能够对一些重要的人物、事件、背景或概念进行扩展。既可以用注释的方式出现，又可以直接链接到相关网页。这有助于受众更直接地接触新闻的深层背景，获得丰富的相关信息。虽然这样做会带来一些副作用，但是它在发挥读者的能动作用、扩展报道面、加强报道深度等方面还是有着重要意义的。

其次，利用超链接，可以改变传统的写作模式。传统的文本写作总是在单一层面上完成的，所有信息与材料都是一次性接触到。传统新闻写作方式中的“倒金字塔”结构，即重要材料放在前面，次要材料放在后面，以便于读者阅读。事实上，的确也有很多读者没有从头到尾阅读完这些信息，对他们来说，有一部分信息是冗余的。但是对于传播方式来说，它仍然需要拿出相应的篇幅或资源（版面大小，节目长度）来提供这些信息。这造成了有限资源的浪费，也在一定程度上增加了受众获得信息的负担。而超文本的利用，在一定意义上可以改变这种状况。在进行写作时，记者可以采用将材料分层的做法，把最关键的信息作为第一层次来提供，而相关详细信息作为第二层次或第三层次提供。即用一个骨架的方式描述对象，而有关的细节，分别用超链接给出，受众可以根据自己的需要决定进入哪一方面的细节；可以通过信息检索的方式寻找最需要、最感兴趣的东西；还可以通过论坛、聊天室、新闻组、电子邮件等形式进行交流。

2. 动态写作

动态写作指的是随着新闻事件的进展，以最快的速度进行简明扼要的文字报道，在一个动态的过程中逐渐完成对一个新闻事件的完整报道。从另一个角度而言，它其实是一种实时写作，体现的是采访与文字传播基本同步进行这一特点。传统写作是一次完成的，网络新闻考虑到时效性的需要，往往把写作过程变成一个开放的动态过程，将每一个重要时间点的信息用最快的速度传达给网民。它发展到一定程度时，就是“文字直播”。

3. 多媒体写作

网络新闻写作最显著的一个表现形式是多媒体化。

目前，很多新闻网站都开始利用多媒体新闻手段，通过文字信息提供报道的线索和主要新闻要素，提供事件、人物与历史、地理等背景，音频和视频信息用于表现现场，未来甚至可以使用“虚拟现实”等技术手段，让人如临其境。美国的《休斯敦记事报》在网上创造了一种新的报道形式——“多媒体特写”。该报记者经常带着数码相机、高品质的摄像机以及其他先进的电子设备外出采访，专门为网络版采制第一手的多媒体报道。文字、图片、音频、视频、动画（漫画）使得网络媒体的新闻表现手段，“远远超越传统媒体，且以双向甚至多向的互动交汇特性优越于强势的电视媒体”。这种真正的多媒体化将逐步成为网络新闻报道的主流模式。

4. 全时化写作

新闻的时效性由以往的及时性变成“随时化”，全时化写作包括全天候新闻写作、全历史新闻写作、全过程写作。

二、博客新闻写作

由于互联网传递信息便利、快捷的特点，互联网迅速成了一种新的媒体，虽然运用了网络这一新媒介，在一定程度上改变了传统媒体的传播方式，但网络媒体采用的仍是少量编辑记者选题、采集、用互联网发布的作业流程。“把关人”主要由编辑和记者来充当。在这个过程中依然有一个叫新闻价值的概念存在，媒体从业者通过假想目标受众的心理状态、信息需求，找到有新闻价值的东西进行发表。同传统媒介一样，其把关原则不仅要根据自己的价值标准进行评判，还要充分考虑传播效果。而博客则是革命性的改变，造就了一种新的信息传播方式，完全改变了传播的游戏规则。如果说网络的出现让信息的传播方式从“推”转变为“拉”，受众从被动地接受传统媒体的信息实现了向主动寻求信息的过渡，那么博客则使受众从此不仅可以自由地寻求信息，还可以更自由地发表自己的意见。

（一）博客的含义

博客，又名网络日志、部落格或部落阁等，是一种通常由个人管理、不定期张贴新的文章的网络空间，也被认为是“一种表达个人信息、情感、言论和思想，内容按时间顺序排列，并且不断更新的个人出版方式”。博客的网络空间一般由博客运营服务商提供，任何人都可以登录注册，然后按照网站提供的制作模板，完成博客的创建、发布与更新。站在技术的角度，博客的开放性源代码降低了网民使用互联网的技术门槛，每一个人以“四零”式——零技术、零编辑、零门槛、零成本的“代价”实现了个人信息的简易发布，也使互联网从可读发展到可读、可写、可交流。

博客一词在日常使用中比较随意，指代比较多，包括撰写博客的人，写作的博客日志、博客文章，存储文章的博客空间，写博客的行为。

因此，完整地理解博客应涵盖三个方面：一是指以日记体方式进行个性化表达，并充分利用网络超链接在互联网上实现点对点互动的个人网络空间；二是指在自己的博客空间里经常发表文章或转贴相关内容，并和其他博客互动交流的个人；三是指一种网络交流方式——继 E-mail、BBS、IM 之后出现的第四种网络交流方式。

（二）博客的分类、功能、特点

1. 博客的分类

从博客主体出发可分为，纯属于个人的个人博客，兴趣相近的人汇聚在一起的群体博客或社区博客，属于企业或团体的企业博客、团体博客。

按存在方式划分，一类为托管博客，即无须自己注册域名、租用空间和编制网页，博客空间完全托管给博客运营服务商；一类为独立博客，即有自己的域名、空间和页面风格，这需要具备一定的技术条件才能实现；一类为附属博客，即博客隶属于综合性网站的一部分，是其一个栏目或频道。

按内容划分，一类为个人化的日记类博客，主要记录个人的生活、情感、思考和言论，并在博客中与他人展开交流互动；一类为知识性博客，专注于某一特定领域，进行知识的积累和文化的传播；一类为以发布新闻、信息为目标的新闻博客，原发或转载各类时效性强的新闻。

从博客个体的层次上看，也有着不同的划分：草根博客，将博客作为个人表达与交流、个人写作与出版的渠道；精英博客，主要是知识精英、专家学者、文体明星等，把博客作为形象宣传、对外交流、知识过滤和传播的窗口；官员博客，指各级各类的政府官员，将博客作为网络问政、沟通民意、了解社情的新型通道。

2. 博客的功能

尽管博客有如此多的分类，但究其功能则可归结为四大核心：记载与发布，展示与推广，知识、思想的过滤与传播，交流与互动。

（1）记载与发布

记载与发布是博客最基本的功能，也是博客诞生的原始初衷。一个简易的、结构化的个人记录空间，不仅实现了个人参与网络活动、在网络世界的自由交往，还改变了互联网的内容基础和构成。来自网民的奉献与分享彻底颠覆了网络传播的格局。

（2）展示与推广

博客所体现出的及时、交互的特点，博客庞大的用户群和高黏度以及博客内容传播的广度、深度，都蕴藏着巨大的商业价值。个人、企业、团体、机构都可以快速而高效地建立起自己的博客空间并利用空间展示形象，推广产品，进行自我营销或商业营销。展示与推广是博客营销的一种表现，也是博客商业功能的一种体现。

（3）知识、思想的过滤与传播

博客网在建立之初提出的口号是，“每天五分钟，思想的加油站”。在博客群体里，人人都在贡献内容，人人也都在分享内容，贡献与分享的过程也就是知识、思想过滤与传播的过程。

（4）交流与互动

交流与互动是互联网的基本功能，自然也是博客的功能之一。博客发展的模式是读者—作者—编辑三位一体，博客掌控着自己的空间，自然也掌控着自己与他人自由、平等地交流的权利。

3. 博客的特点

博客是互联网进入 Web2.0 时代的一个基本应用，因而博客首先打上了互联网的烙印，承继着网络的诸多特点，比如快速、及时发布博客文章，博客内容可以多媒体发布，可以方便地查询、检索，等等。其次，博客有其特殊的功能，自然也就有着其自身的特点。

第一，个性自主。抛开以营销为目的的企业博客不谈，个人，无论是创建博客，还是写博客文章，都纯粹是自发的行为。个性化的写作，个人的角度与思想、个人的爱好与兴趣，是博客存在的基础和发展的源泉，无数个“个人大脑”的汇聚成就了博客作为思想发源地和精神家园的价值。

第二，开放共享。《新知的未来：联网世界中公共知识的命运》的作者劳伦斯·莱斯格在论及博客的精神时认为，强调博客颠覆传统新闻，博客给予每个人平等展示自己的自由，这些并不是博客精神的核心，重新梳理公共知识的力量才是真正的博客力量。在劳伦斯·莱斯格看来，博客上的信息是每个人独有的，同时也是所有人共同拥有的。开放共享全球的知识财富是博客的价值所在，也是博客的重要特征。

第三，平等互动。传统的网络互动主要体现在论坛、新闻跟帖和聊天室里，个人言论不仅很快就被湮没，还受制于网络管理员。但博客是每一位网民的自由王国，文章、图片、视频的上传、编辑、排版完全由网民自己决定，网络自主平等互动的魅力在这里得到了充分体现。这也正是博客吸引人的地方，它真正实现了平等互动。

（三）博客新闻的内容与写作手法

博客新闻的内容大致分为五类：突发事件、新闻披露、新闻追踪、新闻评论和新闻采编手记。内容不同，写作上也有着不同的要求和准则。

突发事件报道是对新闻媒体的快速反应能力、准确判断能力、创新策划能力、整体协调能力等综合实力的检验。作为新媒体的博客，虽然个体并不一定具有上述报道突发事件的综合实力，但有一个条件是传统媒体不具备的，那就是大量的博客和他们能在第一时间到达新闻现场的时效。与专业媒体相比，博客的触角多，社会中每时每刻发生的事件都可能在博客作者的视野中，庞大的作者群获取的信息当然是人数有限的专业媒体记者无可比拟的。

对于突发事件的博客新闻写作，最基本的要求是新闻事实准确、快速、及时发布，在有条件的情况下还应该滚动发布，不断补充后续消息，报道事件的进展。普通人写作突发事件博客新闻的一大难题是很难对事件进行深入调查，因此在写作中就需要尽可能详尽地描述自己的所见、所闻、所感，多观察细节，对现场的人员进行询问、采访并将结果写进新闻报道里，在文字语言上多采用白描的手法。为了保证新闻的真实性，在有条件的情况下应拍摄现场图片或视频，与文字稿同时发布。

新闻披露主要是明星、艺人、企业或政府机构用来发布独家新闻，披露内部信息或澄清相关传闻的。在媒体竞争日益激烈的市场环境中，各种传闻、小道消息、假新闻很难杜绝，有些媒体为了新闻报道的需要对采访者的谈话断章取义，有意曲解，致使被采访者百口莫辩，也误导了读者。因此，一些明星、艺人或学者更愿意选择在自己的博客里披露事实、发表真相，这样直接向大众公开信息，可以减少信息传播的损耗。

写作披露类的博客新闻，真实、准确、完整是基本原则。由于是当事人自己的披露，因此必须要让公众全面了解事件的来龙去脉、前因后果，要对一些传言给出准确的答案，对公众的曲解给出解释，只有这样才有价值，也才能达到披露的目的。

新闻追踪是传统媒体将新闻引向深入、进行深度报道的一种方式，但往往因记者的身份、事件的复杂程度、宣传纪律的限制等，新闻追踪难以为继。博客新闻在新闻追踪方面有着得天独厚的优势：作者人数众多，分布领域广泛；较少新闻写作的约束与顾忌；可以独自或在博客网站的组织下对新闻报道进行深入的追踪等。

新闻评论是博客新闻写作最常见的内容，也是博客新闻影响社会舆论的主要方式。大量博客文章多角度、多侧面地分析新闻事件，对新闻事件进行最大化的扩展和解剖，特别是借助名人评论，影响力更大，更容易吸引博友的视线，有的网站甚至把博客评论放在专栏头条，作为代表网站声音的独家文章。博客新闻评论的写作不同于传统评论的写作，长度上可长可短，多则千字，少则只言片语；内容上不追求评论的面面俱到，可全面论述，也可究其一点加以评述；语言上简洁、自由、随意，超越了传统的写作语言和风格。

新闻采编手记，这是博客新闻中较为特殊的一类内容。作者是拥有自己博客的编辑记者，体验式采访记录、业务探讨、意见表达、采访边角料等与新闻采写紧密相关的主题占62%。编辑记者的博客新闻，一方面是对原报道的丰富与补充，记者将事件现场的情况发表在博客上，针对报道领域或社会热点问题发表意见，或者以回溯的手法写出采访背后的故事，这些内容可以从不同侧面配合传统媒体的报道，如中央电视台主播、记者的“两会”博客等；另一方面还可以促进编辑记者与网友、读者的互动。“人民日报编辑记者博客”频道中有个特殊的“版面博客”，每月月末由编辑将当月的版面总结发到博客中，向网民介绍当月版面编辑的思考和背后的故事，加深了网民对版面编辑的了解，拉近了与网民的距离。

三、微博新闻的写作

随着互联网技术的不断发展，微博作为博客的进化物，逐渐在网络盛行，成为人们获取新闻信息的重要来源之一。微博“评论”是直观的言语互动，“转发”是对信息影响力的体现，“@我的”功能图标不仅可以看到某条信息的所有参与者，还能够将信息传递给受众所希望的信宿……微博的普及和运用，丰富了人际交流的模式，越来越多的媒体开始把微博作为新闻传播的新渠道。

（一）微博的含义

微博，是微型博客的简称，是一种以用户关系的信息分享、传播以及获取为社交平台的网络系统，用户可以通过WEB、WAP以及各种客户端来组件个人社区，使用者能够利用微博融合的多种渠道（包括网页、手机、即时通信、博客、论坛等）通过文字、图片、音频、视频等形式进行及时的信息发布，每篇长度控制在140字左右。微博充分发挥了互联网的交互性和参与性，带来了一种新的媒介传播样式。其出现进一步改变和丰富了信息环境，受众群不仅能够通过“织围脖”讨论一些热点问题，还能一试身手，直接参与信息的生产和传播过程。微博以其迅速的传播速度、便捷的使用方式在短时间内集结了大量受众，引发了互联网新一轮的传播革命。

（二）微博新闻的传播特性

微博因其使用便捷，成了发布信息、传播信息最快捷的平台。有人将微博的传播模式称为病毒式传播。微博简短的信息量、充分的传播互动功能和多元化的传播渠道整合等因素促进了病毒式传播，使信息在短时间内从一个节点传播到不计其数的节点，加速了社会信息的流动。就目前的情况来看，传统媒体（包括部分新闻网站）都把微博作为新闻传播的前沿阵地，一些微博信息甚至成为其他媒体的新闻源。

1. 发布主体的多元化

在微博时代，只要拥有一个微博账号，不论是使用手机还是电脑，不论是浏览网页还是使用软件，都能够随时随地发布新闻热点、难点或者较为重要的信息，记录第一时间、第一现场，成为新闻传播的重要参与者。一方面，传播者和接受者之间的界限已经模糊，用户在利用微博进行创作、阅读以及转发的过程中，既扮演了接受者的角色，同时又扮演了信息传播者的角色。另一方面，信息传播者的身份更加丰富，他们不再是只有报纸、杂志、电视、网络的新闻从业者，还有演艺明星、社会名流以及广大的草根阶层。

在微博信息发布过程中，微博实行的是低门槛制，140 字以内就可以发布，用户可以将只言片语直接发送到个人的微博上，创作起来比较容易。

2. 新闻信息的精简化

以新浪微博为例，它在信息发布上是有字数限制的，必须控制在 140 字以内。这就要求微博的新闻信息必须精简，在发布上只需要保留新闻信息的最核心要素，短小精悍的内容有利于接受者短时间内迅速判断新闻的价值。同时，微博的言简意赅也将人们带入了一个大众化短新闻的创作时期。与传统博客相比，微博在文字内容的排版和设置上要求较少，用户的使用门槛低，用只言片语的形式就能发布消息，在写作语言的编排上，也不及博客要求高。从微博新闻的写作来看，它在写作语法、文章措辞、语言文采、结构形式等方面都是比较随意的，甚至能够灵活、轻松地使用网络用语。

虽然微博是迄今为止最快的信息传播方式之一，但是在发展过程中其自身的不足之处也开始彰显出来。一方面，由于它的字数限制，信息容易碎片化，发一次微博难以将重大事件完整地报道出来，而通过微博的多次报道，新闻信息则会被自然割裂。另一方面，微博新闻在写作上比较随意，容易导致新闻语言以及语法经不起推敲，且出现新闻结构的松散化现象。

3. 发布的及时性

微博的出现，使得新闻信息在发布和传播上呈现出即时性的特点，这就大大加快了新闻消息的传播速度，强化了新闻的影响力。在微博时代，每一个微博用户都可能成为新闻源、新闻事件的现场记者。微博的新闻信息发布的便捷性，使得用户可以迅速、及时地进行新闻事件的现场报道，大大提高了报道的速度。

微博用户对手机等便携终端设备的使用，使得信息的传播随时随地都能进行，大大缩短了新闻源与用户之间的距离，减少了传播时间。另外，微博的转发功能也使得新闻信息的传播速度加快，时效性增强。如果微博用户的关注者人数多，那么，新闻信息则会在关注群体中通过微博转发者得到迅速扩张，使得传播速度呈现几何式增长。此外，微博用户在转发新闻信息的过程中，同时也接受了该信息，有效地实现了即时的信息再传播。

（三）微博新闻的写作要求

微博新闻，是网络新闻树立的新标杆，它是媒体新闻信息发布的先遣部队，不仅要求传播迅速及时，还要求全面释放信息。以传统媒体利用微博发布新闻的形式为例，微博的基本形态是“新闻标题 + 主题 + 内容的网站链接 + 图片（视频）”。通过微博发布的新闻报道，有它独有的特征，那么，相应的其新闻报道的写作也有其内在要求。

1. 导读式叙事

微博新闻写作的字数是有限的，这一客观条件决定了微博新闻的写作要像传统新闻报道中的导语一样，言简意赅，即只需要将新闻事实的概要或者精华写出来。直接将事实的核心、最有价值的要素交代出来，可以很快吸引用户的注意力，并方便他们迅速而准确地对是否进一步关注该信息做出判断。在当前信息如洪水般泛滥、读者以快速浏览来阅读信息的环境下，这种导读式叙事的写作方式，很好地适应了受众的口味和阅读方式。

2. 立体化表达

微博的字数限制，容易导致微博新闻的信息量不充分，但是，微博是以立体化、多媒体的方式传播的。用户可以通过上传图片、音频、视频、链接等，来丰富微博新闻的内容，以满足受众的需求。因为微博新闻图片浏览起来比较方便，所以，在微博新闻中，经常可以看到在一则微博新闻的下面通常都配有一张新闻图片，它用来补充新闻信息，或增加视觉冲击力，以吸引用户。

因此，充分发挥微博多媒体的功能，能够对文字报道进行解释、说明和补充。微博新闻要尽可能把文字、图片、音频、视频等表现手段融为一体，以更灵活、更多样化的方式传播新闻信息，全面实现新闻价值。

3. 互动写作

与以单向传播为主的传统媒体相比，微博具有强大的参与性和互动性，这样可以形成一定规模的传播影响力。在微博上经常会看到，一则微博新闻播出后，用户群体会在短时间内通过连续转发、互动评论、踊跃跟帖、关注搜索等方式，对新闻信息进行再次传播。

如果说互联网的精神在于互动与共享，那么微博新闻也必将遵循这样的逻辑而存在。针对一些值得讨论的热点问题，可以用这样的方式进行写作：在微博新闻中插入开展讨论的引语，如“调查”“您如何看待”等。在召开全国两会时，新华网、人民日报等主流媒体的微博就采用了这样的形式进行新闻报道，邀请网民广泛参与讨论，这种新颖而又亲切的形式获得了广泛好评。

这种形式一方面让网民获得了发表自己见解的机会，另一方面也能增加媒体的亲和度，扩大并提高媒体的影响力和公信力。这种写作形式能够对新闻信息进行补充，信息的完整和多元意味着社会事件的清晰和透明，透明意味着信息的穷尽，意味着疑问的消除。

四、手机媒体新闻写作

手机原来被称为“大哥大”，是一种无线传呼机，后来由于技术的发展，就变成了现在的手机。手机是一种集通话，传送文字、声音、图片、影像等功能为一体的轻便电信工具，用于新闻传播就诞生了手机新闻。如果按辈分，它算是“小字辈”，因为它诞生的时间不长，20 世纪 90 年代初才出现这种新闻媒体。但是，它的互动性比报纸更强、功能比广播更全，它比电视便携、比电脑普及，因此，学术界众多学者将它置于与报纸、广播、电视、互联网并列的地位，称其为第五媒体。

手机作为一种媒体实质上是网络媒体在空间的延伸和创新，它的传播性质跟网络媒体很相似，但它实现了由网络媒体的“有线传输”向“无线传输”的转变而使无线传媒成为一种现实。

但是，手机媒体的出现没有否定传统媒体，它的内容资源仍然来源于传统媒体。二者的运作模式尽管不同，但手机媒体更加强调传统媒体和新媒体与运营商的合作。因此，继手机上网业务开通运营之后，手机报、手机电视、手机博客、手机微博等新业务相继出现，特别是随着中国移动、中国联通等电信业的发展和 3G、4G 技术的实现，通过手机阅读报纸、浏览信息、收看节目越来越成为人们的时尚选择。这一切都预示着手机作为一种新媒体，正在整合众多传统媒体和社会信息资源，逐渐成长为一个重要的新媒体。目前，手机媒体的新形态日渐增多，下面，仅就手机短信和手机报加以概述。

（一）手机短信

1. 手机短信的含义

短信是由通信公司提供的一种将手机的通话功能和寻呼机的寻呼功能合二为一的服务形态。这种服务始于 1992 年，世界上第一条短信在英国沃特丰的 GSM 网站上通过电脑向手机发射成功。

手机短信从通信技术角度看，只是一种服务和交流的方式；而从新闻传播学的角度来看，只是手机媒体传播的一种重要形式，而不构成一种媒体形态，或者说手机短信是一种传播新闻的新方式和新途径。其含义：手机短信是指通过手机收发的具有新闻价值的短信息。那些日常生活中通过手机互致问候、庆贺、聊天等的内容不算作新闻信息，它们属于以电子传输代替纸质媒介发布的应用文。

2. 手机短信的类型

目前，手机短信的形式主要有三类：一是普通短信，只能发送文字；二是加强型短信，这是一种结合文字、图像、铃声的短信；三是多媒体短信，它能够自动、快速传送用户创建的内容，既包括文字，又包括图片、声音、视频剪辑等在内的多媒体信息，是一个多姿多彩的媒体园地。如今利用手机短信传播新闻已越来越趋向多媒体化。

手机短信的传播方式分为两类：一是个人作为传播者发送的信息；二是信息台作为传播者发送的信息。个人作为传播者发送的信息又分为三种情况：一是个人给某个人发的信息；二是个人给某群体发的信息，即群发短信；三是个人对信息台发的信息，以备信息台选用。

3. 手机短信的传播特点

与传统媒体相比，手机短信的传播具有以下特点：

（1）传播源分散

任何使用手机和互联网的用户都可能成为一条或多条短信的制作者和传播者。

（2）传播及时

手机依靠现代通信网络来传递，其信息可以瞬时传到大量受众终站。

（3）传播成本低廉

除去无线电频率、通信网络和终端之外，无须再耗费任何别的资源，单位信息量的传播成本比传统媒体低很多。

（4）传播方式多样

短信制作者和传播者可以根据传播需要，任意选择短信内容的表达方式，只要接受者拥有相应功能的终端，即可解读此类信息。

（5）传播范围广泛

由于世界各国移动通信网络和互联网技术标准已经统一，网络漫游业务基本实现，短信业务可以跨国界实现，信息传播可以随用户漫游。

（6）具有较强的参与性与互动性

信息接收者都可以采用不同方式回复信息源，能够及时方便地参与信息的反馈和互动。

（7）保密性强

手机短信是点对点或面对点的传播，传播的内容始终处于保密状态之中，无人监视。

4. 手机短信的文本制作

手机短信的文本有两大特征。一是十分简短。图片类和铃声类短信所占的容量很小，文字内容的信息也是短小精悍的（一条中文短信最好不超过70个字），语言通俗易懂，能让接收者很快心领神会。二是制作随意，短信由个人随意制作，没有统一的规范和形式要求，有时只要收信人能明白，可以用特殊符号代言或以图代言。

由于短信在传播形式和文本形式上的特殊性，其文本制作必须达到下列要求：

（1）内容真实、健康

由于短信传播的隐蔽性以及缺少对手机使用者的管理控制，手机短信容易出现虚假信息、“黄色”信息等不健康的内容。这就要求持机者讲求“机德”，务必编发和转发真实和健康的信息。

（2）形式要简单

手机短信由于技术所限，容量太少，篇幅太短，较难传播复杂、丰富的信息，因此，其制作的形式要简单、文本要简明扼要，用最短的文字把重要的内容表达出来。

（3）语言文字要规范

手机文化其实是一种个性文化，个性文化缺少必要的规范性。但它既然是人际传播、大众传播，那语言文字就要按照国家语言文字工作委员会规定的方案使用，不可随意造次。即便是新造的词语，也要为社会认可为好。

（二）手机报

1. 手机报的含义

手机报是依托手机媒体，由报业集团、移动通信商和网络运营商联手搭建的信息传播平台，受众通过手机可以浏览到当天发布的新闻。通俗地讲，就是用手机看报纸。手机报已经成为传统媒体继创办报纸网络版、兴办网站之后，跻身电子媒体的又一举措，是报业开发新媒体的一种特殊方式。

2. 手机报的类型

从技术手段上看，手机报迄今为止有两种操作模式：一种是彩信手机报模式；另一种是网站浏览模式，即通过手机上网实现对报纸的阅读。

彩信手机报，就是报纸内容通过电信运营商以彩信方式发送到手机终端上。它向终端用户发送一个多达 50K 的多媒体数据包，这个数据包可以包含文字、图片、声音、动画，在内容上做到了图文并茂，包括新闻聚焦以及各大类新闻的主要内容；在形式上最大限度地保留并展现报纸的全貌。数据包是一次性发到手机上的，在使用上做到了瞬间接受，用户需要时可以直接打开手机翻看，不需要时可以放到一边等需要时再翻看，不会出现掉线或是等待的情况。目前国内已开通服务的手机报大多采用这一模式。另外，彩信手机报在资费上也不贵。彩信手机报的几个基本特征跟纸质媒体很相似，更接近于受众的阅读习惯和延伸需求。

除了彩信手机报外，还有不少网站类型的手机报。具备 WAP、3G、4G 等功能的手机成为大众消费品，越来越多的用户开始通过手机上网获取各种资讯。相对于短信型，该型手机报内容更丰富，基本上可以称为全文型的手机报。手机报内容包括各类时事新闻、自主组织的各类专题、时尚资讯、图片、动漫画欣赏等。新闻每天实时更新，24 小时滚动显示。网站型手机报的资费相对较贵。而且，上网浏览虽然有即时更新信息的优势，但每次想看都要经历上线、接入网站、搜索新闻这样一整套的过程。

3G 和 WAP 型手机报在经营模式、业务特色、内容编辑等方面存在很大的相似性。两者的区别在于 3G 的信息传播速度要大大高于 WAP，在 3G 技术平台上可以大规模传输多媒体信息。4G 又称为超 3G，是多种无线技术的综合系统。它融合了现有 3G 的增强型技术，集 3G 网络技术和无线 LAN 系统为一体。4G 具有比 3G 通信速度快、网络频谱宽、通信灵活、智能性更高、兼容性能更平滑、能实现更高质量的多媒体通信等特点。

3. 手机报的优势

手机报的出现为用户通过手机获取更多的信息提供了新的渠道。它是网络新闻的一种延伸。手机报的优势表现在以下方面：

一是突破了时空限制，实现了信息的即时传播。从时效性看，纸质媒体由于受到排版、印刷、运输、发行等条件的限制，在传播时间上稍显滞后，而手机报省去了这些环节，像网络一样实现了新闻的即时发布，将新闻直接发送到手机上，这是其最具竞争力的一个长处。尤其是对于突发性事件的发布，手机报更是凭借其无与伦比的即时性，实现了新闻的动态传播。手机与电视、电脑相比，小巧轻便、携带方便。没有人会成天带着电视、电脑、报纸，但却会 24 小时携带手机。人们可以通过手机随时翻看手机报，不受时间和地域的限制。

二是充分体现了多媒体的优势。从技术层面讲，多媒体手机的应用和普及在传播手段上给予了手机报最大的支持，手机报是传统纸质媒体与电信增值服务跨平台合作孕育出的新闻传播新方式，是最新电信增值业务与传统媒体完美结合的信息技术产物。

三是互动性强。传统媒体缺乏与受众的即时互动，而手机则打破了传统媒体的直线单向型信息传播的局限，与受众实现了互动。现在国内很多手机报开辟了新闻评论园地，用户如有个人见解与建议，可以使用手机平台的“留言”功能，以短信回复的方式与媒体沟通。还可以利用手机的拍摄功能，随时记录现场情景，以给媒体提供新闻照片。手机报的互动形式多种多样，与受众十分亲近。

四是传播范围广。全球手机用户总量远远超过了纸质媒体读者的数量。只要能使用手机的人，都可以通过手机报获取各种各样的新闻。

五是手机报传播的内容可以保存。手机报兼图文、声像于一身，动画、文件、游戏、新闻无所不包，而且保存方便。通常一部普通彩信手机可以保存一年的报纸内容，方便读者回顾、浏览一年中的要闻。

4. 手机报的文本制作

手机报的文本制作不能照抄纸质媒体和网络媒体的套路，应该按照手机媒体的特点去开发选题，在文章结构，表达方式，语言风格以及图片、声音和影像的整合上形成自身独特的风格。具体地说，手机报的文本制作应注意以下几个方面：

第一，选择具有个性化的信息。手机报一般由受众来主动定制，受众定制新闻是根据自己的爱好来选择的，因此手机报的信息一定要满足受众个性化的需求。手机编辑可根据受众的需求将纷繁的信息划为不同的类别并传送给具有不同需求的受众。比如，编辑可将新闻信息划为时政、国际、经济、金融、文卫、体育、娱乐等多个板块供用户选择，用户可根据自己的兴趣来选择和阅读某方面的信息。

第二，要精心提炼信息。长新闻翻看不方便，另外阅读时间长了眼睛也会疲劳。这就要求新闻要短小精悍，具备既吸引人又能概括新闻内容的标题。作者要有能力梳理纷繁复杂的新闻事件，善于提炼主要的新闻信息，用精彩的语言来传达最主要的信息。通常，手机报的新闻多为短消息，每次发送信息以多条短消息的集合发送。

第三，充分发挥多媒体优势。彩信方式的手机报可用来发送文字、图片、声音等多媒体格式内容，这种多媒体格式比单纯的文字内容更能引起受众的阅读兴趣，这是手机报强于报纸的优势。

第四，要有新闻专题策划。尽管手机报传播的容量有限，但作为一种大众传播媒介，手机报必然需要对信息传播进行有意识的积极策划，只有这样才能提升信息传播的品质并受到大众的青睐。手机报的新闻专题策划与其他媒体新闻类似，但要考虑手机报的快捷、方便的传播特点。

参考文献

[1] 张撰先 . 新闻采访实务 [M]. 北京：北京大学出版社，2014.
[2] 陈祖继，刘彤，于宁 . 新闻采写实用教程 [M]. 北京：中国传媒大学出版社，2015.
[3] 张举玺 . 实用新闻理论教程 [M]. 郑州：河南大学出版社，2012.
[4] 董广安 . 现代新闻写作教程 [M]. 郑州：郑州大学出版社，2010.
[5] 沈慧萍，彭华 . 电视采访与写作 [M]. 武汉：华中科技大学出版社，2012.
[6] 金梦玉 . 新闻采访报道教程 [M]. 北京：中国传媒大学出版社，2012.
[7] 蓝鸿文 . 新闻采访学 [M]. 3 版 . 北京：中国人民大学出版社，2011.
[8] 樊水科 . 新闻写作训练教程 [M]. 西安：西安交通大学出版社，2013.
[9] 田建国，任翠英 . 电视新闻采访与写作 [M]. 北京：中国传媒大学出版社，2015.
[10] 欧阳霞，张晨 . 新闻采访与写作 [M]. 2 版 . 北京：清华大学出版社，2014.
[11] 许颖 . 新闻采访与写作 [M]. 北京：中国传媒大学出版社，2011.